Salut et bonjour!

Ich bin Francis und begleite dich durch dein Französischbuch.

Hier findest du alle Symbole und Verweise des Buches erklärt.

Hörtext auf der CD (z. B. CD 1, Track 2)

Schriftliche Aufgabe (Textproduktion)

Partnerarbeit

Partnerübung: Den Übungsteil für Partner B findest du im Annexe ab S. 88.

Gruppenarbeit

Differenzierung:

leichtere Aufgabe

anspruchsvollere Aufgabe

Differenzierung:

▶ p. 90 ▶ p. 90 Die leichtere bzw. anspruchsvollere Aufgabenvariante findest du im Annexe ab S. 90.

DELF Diese Aufgabe eignet sich besonders für die Vorbereitung auf die DELF-Prüfung.

Sprachmittlungsaufgabe

PF Portfolio/Lerntagebuch: Du dokumentierst deine Lernfortschritte.

3|2 Hier passt Carnet d'activités, S. 3, Übung 2.

www.cornelsen.de/webcodes ATOI-1A-7 Unter www.cornelsen.de/webcodes gibst du den jeweiligen Webcode ein (z. B. ATOI–1A–7). Dieser führt dich zum Gratis-Download.

Viel Erfolg und viel Spaß beim Französischlernen!

À toi! 1A

Lehrwerk für den Französischunterricht

Vokabel Trainer
Cornelsen

Vokabeltrainer-App

Verfügbar für: iOS, Android und Windows Phone

Cornelsen

Die folgenden aufgelisteten Angebote sind nicht obligatorisch abzuarbeiten.
Die Auswahl der Aufgaben und Aufgabenteile richtet sich nach den Schwerpunkten des schulinternen Curriculums.

Inhalt

Rubrik/Titel	Schüler/Schülerinnen lernen ...	Um ... (Lernaufgabe)	Dafür erwerben sie folgende sprachliche Mittel:	Sie schulen ...	Seite
Unité 1 Bonjour! **Interkulturelles Lernen:** Französische Begrüßungs- und Verabschiedungsrituale; Pariser Sehenswürdigkeiten **Kompetenzschwerpunkte:** Hören, Sprechen **Methodischer Schwerpunkt:** selbstständig mit dem Französischbuch arbeiten					**7**
Texte: **Bonjour!**	• jdn zu begrüßen • sich zu verabschieden • nach dem Befinden zu fragen und zu antworten	in der Lerngruppe Begrüßungs- und Verabschiedungsszenen zu spielen	• der Aussagesatz • die Intonationsfrage	Laute und Lautfolgen des Französischen	7
La France en direct: **Paris**	Sehenswürdigkeiten von Paris spielerisch entdecken; geographische Lage von Paris und Levallois-Perret kennen; eine stumme Frankreichkarte beschriften				10
Repères	Überblick über Redemittel und Grammatik				11
Unité 2 C'est la rentrée **Interkulturelles Lernen:** Schuljahresbeginn am Collège; die Zählung der Schulklassen in Frankreich **Kompetenzschwerpunkte:** Hören, Sprechen **Methodischer Schwerpunkt:** Worterschließungsstrategien anwenden					**12**
Approches: **Le collège Jean Jaurès à Levallois**	• zu fragen, wie jmd heißt • zu sagen, wie sie heißen	kurze Vorstellungsszenen zu spielen	• *C'est qui?* • *C'est ...* • *Je m'appelle / Moi, c'est ...*	die Laute [e] und [ɛ]	12
Dialogue modèle: **Tu t'appelles comment? / C'est qui ?**	• zu sagen, in welcher Klasse sie sind/jmd ist	sich in einem Mini-Dialog vorzustellen	• *je suis, tu es, il/elle est* • *en sixième/cinquième* • *dans la classe de* + Name	erste Formen des Verbes *être* als lexikalische Einheiten	15
Texte: **Dans la cour**	• sich/jdn vorzustellen	in einem Rollenspiel eine Szene auf dem Schulhof nachzuspielen	• *Ce sont ...* • *être* • die Personalpronomen • der bestimmte Artikel	die Laute [u] und [y]	17
La France en direct: **Voilà la France**	Bezeichnungen auf Schildern erschließen; französische Wörter in der eigenen Umgebung sammeln				20
Repères	Überblick über Redemittel und Grammatik				21
Exercices supplémentaires	Fakultativ: zusätzliche Übungen zum Training der sprachlichen Grundlagen				22
Magazine pour le plaisir	Fakultativ: Lautschulung anhand von Zungenbrechern, Liedern, Reimen und Gedichten zu den Themen Begrüßung, Wetter; spielerische Dialogübungen: Über das Wetter sprechen				24
Module A	*L'alphabet:* das Alphabet kennen; buchstabieren			„c" als [k] und [s]	26

Rubrik/Titel	Schüler/Schülerinnen lernen ...	Um ... (Lernaufgabe)	Dafür erwerben sie folgende sprachliche Mittel:	Sie schulen ...	Seite
Unité 3 Un quartier de Levallois **Interkulturelles Lernen:** Wohnen und Leben in Frankreich; französische Adressangabe **Kompetenzschwerpunkte:** Lesen, Schreiben, Sprechen **Methodischer Schwerpunkt:** Vokabeln lernen (1): eine Mindmap erstellen					28
Approches: **Dans le quartier de Nicolas**	• zu fragen, was es in einem Ort gibt • aufzuzählen, was es in einem Ort gibt	den eigenen Ort / das eigene Viertel in einer Collage vorzustellen	• Wortfeld *le quartier* • *il y a* • der unbestimmte Artikel	Techniken beim Umgang mit einem Onlinewörterbuch	28
Dialogue modèle: **On rentre ensemble?**	• eine Adresse anzugeben • zu fragen und zu sagen, wo sich etw. befindet • Unwissen/ Einverständnis auszudrücken	sich für den Heimweg zu verabreden	• *C'est où?* • *Je ne sais pas.* • *D'accord.* • die Zahlen von 1–10 • *j'habite, tu habites, on rentre* • die Ortspräpositionen *entre, à côté*	erste Formen der Verben auf *-er* als lexikalische Einheiten	32
Texte: **Ils habitent à Levallois**	• zu sagen, dass jmd neu ist • zu fragen und zu sagen, woher jmd kommt • zu sagen, dass man etw. sucht	eine Szene auf dem Heimweg in einem Rollenspiel zu präsentieren	• *il est nouveau / elle est nouvelle* • die Verben auf *-er* • *Qu'est-ce que ...?*	die Laute [ɑ̃] und [ɛ̃]	34
La France en direct: **Bienvenue à Levallois**	auf der Internetseite von Levallois gezielt nach Informationen suchen; Strategien zur Recherche im Internet anwenden				38
Repères	Überblick über Redemittel und Grammatik				39
Exercices supplémentaires	Fakultativ: zusätzliche Übungen zum Training der sprachlichen Grundlagen				40
Magazine pour le plaisir	Fakultativ: Lautschulung anhand von Zungenbrechern, Liedern, Reimen und Gedichten zu den Verben auf *-er*, den Zahlen von 1–10 und zum Thema Wohnort				42
Révisions 1	Fakultativ: Lernstandsüberprüfung Unités 1–3 (Grammatik und Wortschatz)				44
Module B	*Le vocabulaire en classe:* Wortfeld *le vocabulaire en classe*; sich im Unterricht verständigen; ein Lied singen; eine Wortliste zum Klassenraumwortschatz anlegen				46

Rubrik/Titel	Schüler/Schülerinnen lernen ...	Um ... (Lernaufgabe)	Dafür erwerben sie folgende sprachliche Mittel:	Sie schulen ...	Seite
Unité 4 Ma famille et moi **Interkulturelles Lernen:** Alltag französischer Jugendlicher, ihrer Familien und Freunde **Kompetenzschwerpunkte:** Lesen, Schreiben **Methodischer Schwerpunkt:** Vokabeln lernen (2): *Mot-images* anfertigen					**48**
Approches: La famille de Nicolas et d'Océane	• Océanes und Nicolas' Familie kennen	ein Brettspiel zum Thema Familie zu spielen	• Wortfeld *la famille* • *mon, ma, mes*	die Possessivbegleiter *mon, ma, mes* in festen Verbindungen als lexikalische Einheiten	48
Dialogue modèle: Tu as des frères et sœurs?	• nach Namen, Alter, Adresse, Geschwistern, Haustieren zu fragen und diese zu nennen	sich gegenseitig in einem Interview vorzustellen	• Wortfeld *les animaux* • die Zahlen bis 20 • *j'ai, tu as* • *il/elle s'appelle* • *ils/elles s'appellent*	• erste Formen des Verbs *avoir* und weitere Fomen von *s'appeler* als lexikalische Einheiten • Liaison *(onze‿ans; vingt‿ans; mon‿adresse)*	50
Texte: Ça, c'est moi	• die eigene Familie mit Freunden und Haustieren vorzustellen • zu fragen/sagen, wie alt jmd ist • zu sagen, dass jmd deutsch/französisch spricht	in Steckbrief, E-Mail oder Poster die eigene Familie oder eine Fantasiefamilie vorzustellen	• *avoir* • *mon, ton, son*	die Laute [ɔ̃] und [ɑ̃]	52
La France en direct: Mon animal est sympa	eine Internetseite verstehen; einen Haustier-Wettbewerb organisieren und durchführen				58
Repères	Überblick über Redemittel und Grammatik				59
Exercices supplémentaires	Fakultativ: zusätzliche Übungen zum Training der sprachlichen Grundlagen				60
Magazine pour le plaisir	Fakultativ: Lautschulung anhand von Liedern, Reimen und Gedichten zu den Zahlen von 1–20, zum Verb *avoir* und zum Thema Familie				62
Bilan	Fakultativ: Lernstandsüberprüfung Unités 1–4 (Kompetenzen: Lesen, Schreiben, Hören, Sprechen, Sprachmittlung) Vorbereitung auf die DELF Prüfung A1				64
Module C	*Les hobbys:* Wortfeld *les hobbys*; sich gegenseitig zu den eigenen Hobbys befragen; Hobbys nennen; *j'adore / j'aime (bien/beaucoup) / je n'aime pas (trop) / je déteste* + Nomen				66

Rubrik/Titel	Schüler/Schülerinnen lernen …	Um … (Lernaufgabe)	Dafür erwerben sie folgende sprachliche Mittel:	Sie schulen …	Seite
Unité 5 Chez les Fournier **Interkulturelles Lernen:** Alltag und Wohnung einer französischen Familie **Kompetenzschwerpunkte:** Hören, monologisches Sprechen **Methodischer Schwerpunkt:** Vokabeln lernen (3): Mnemotechniken					**68**
Approches: Moi et ma chambre	• zu sagen, was sich in einem Zimmer befindet • zu fragen und zu sagen, wo etw. ist	in einem Partnerspiel Gegenstände zu orten	• Wortfeld *la chambre* • *Où est/sont …?* • die Ortspräpositionen		68
Dialogue modèle: Je n'ai pas mon sac de sport	• zu sagen, dass man etw. nicht dabei hat • jdn aufzufordern, etw. zu tun	in einem Telefongespräch jdn aufzufordern, etw. in der Wohnung zu suchen	• *je n'ai pas mon/ma/mes* + Nomen • *Écoute./Regarde.*	• den zusammengezogenen Artikel mit *de* in Ortsangaben als lexikalische Einheiten • *je n'ai pas* + Begleiter + Nomen als lexikalische Einheit	72
Texte: Où sont mes clés?	• ihr Zimmer / ihre Wohnung zu beschreiben • zu fragen, wo jmd ist • jdn aufzufordern, etw. zu tun	in einer E-Mail das eigene Zimmer / die eigene Wohnung vorzustellen	• Wortfeld *l'appartement* • der zusammengezogene Artikel mit *de* • *Qui est … ?* • der Imperativ	• die Unterscheidung der Laute [ʒ] und [g] bei „g" • das überfliegende Lesen (Schlüsselwörter nutzen)	74
La France en direct: Un bureau au top	einen Text anhand von Form und Gestalt identifizieren; die Aussage einer Katalogseite sprachmitteln; unbekannte Wörter über andere Sprachen erschließen				78
Repères	Überblick über Redemittel und Grammatik				79
Exercices supplémentaires	Fakultativ: zusätzliche Übungen zum Training der sprachlichen Grundlagen				80
Magazine pour le plaisir	Fakultativ: Lautschulung anhand von Zungenbrechern und Liedern sowie kreatives Schreiben zu den Themen Wohnung/Zimmer (Gedicht und *Calligrammes*)				82
Révisions 2	Fakultativ: Lernstandsüberprüfung Unités 4–5 (Grammatik und Wortschatz)				84
Module D	*Les magasins:* Wortfeld: Einkaufsgespräch; ein Einkaufsgespräch verstehen und führen; eine Durchsage verstehen; typisch französische Geschäfte und Produkte kennen				86
Module E	*À table:* Wortfeld: *à table*; eine Situation bei Tisch nachspielen; Essgewohnheiten in Frankreich kennen; eine SMS schreiben; geläufige Abkürzungen für SMS und E-Mail kennen				87

Annexe

Partenaire B 88
Différenciation 90
Méthodes 95
Petit dictionnaire de civilisation 107
Les nombres 109
Les verbes 110
L'alphabet / L'alphabet phonétique / Les signes dans la phrase 111
Liste des mots 112
Solutions 137
Liste alphabétique français-allemand 138
Liste alphabétique allemand-français 142
Les mots pour le dire 145

nom: **Thomas Martin**
âge: **13 ans**
classe: **5e B**

nom: **Mehdi El Yaagoubi**
âge: **14 ans**
classe: **4e A**

nom: **Nicolas Moreau**
âge: **12 ans**
classe: **6e A**

nom: **Marie Guillaume**
âge: **12 ans**
classe: **6e A**

nom: **Océane Moreau**
âge: **14 ans**
classe: **5e B**

nom: **Maxime Fournier**
âge: **13 ans**
classe: **5e B**

nom: **Laurine Fournier**
âge: **11 ans**
classe: **6e A**

nom: **Robin Teissier**
âge: **12 ans**
classe: **6e B**

nom: **Anissa El Yaagoubi**
âge: **13 ans**
classe: **5e B**

Unité 1 Bonjour!

Nach Unité 1 kannst du
- jemanden begrüßen und dich verabschieden,
- jemanden fragen, wie es ihm geht,
- sagen, wie es dir geht.

1/2

www.cornelsen.de/webcodes ATOI-1A-7

Schau dir die Fotos an und hör zu.
Was machen die Personen auf den Fotos?

Répéter | Nachsprechen

1 Hör dir die Szenen zu den Fotos auf S. 7 an und sprich nach.

Écouter et comprendre | Hören und verstehen

2 Schau dir noch einmal die Szenen bzw. die Bilder 1–3 auf S. 7 an, hör zu und beantworte die Fragen.

1. Wie begrüßt du Erwachsene?
2. Wie begrüßt du andere Jugendliche?
3. Wie verabschiedest du dich von Erwachsenen?
4. Wie verabschiedest du dich von Jugendlichen?

3 Schau dir die Bilder an und hör zu. Wie kannst du sagen, wie es dir geht?

1
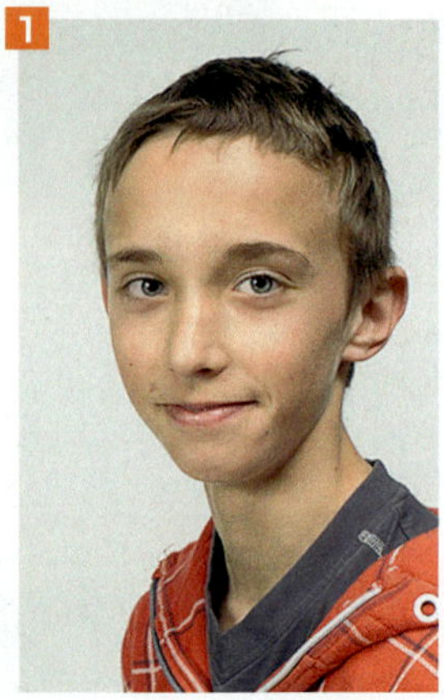

2

3

S'entraîner | Trainieren

4 Hör zu. Begrüßen oder verabschieden sich die Personen?

Zu Erwachsenen sagst du nicht einfach nur „*Bonjour*", sondern „*Bonjour, madame*" oder „*Bonjour, monsieur*".

DELF **5** Ça va? | Wie geht's? Schau dir Noah, Yanis und Gabriel an und hör zu. Wer antwortet was?

6 Begrüße deine Mitschüler/innen und frage sie, wie es ihnen geht.
Antworte, wenn du gefragt wirst.

Chanter | Singen

7 Das Lied *Salut, ça va?* hat eine 10. Klasse der Robert-Koch-Realschule in Dortmund geschrieben. Hör zu und sing mit.

Écouter et lire | Hören und lesen

1/7 4|4 **8** **Salut, ça va? | Hallo, wie geht's? Hör zu und lies die Texte in den Sprechblasen mit.**

Maxime und Anissa begrüßen sich mit zwei Küsschen auf die Wange: *„la bise"*. Wie begrüßt ihr euch?

Apprendre à apprendre | Lernen zu lernen

5|5 **9** **Entdecke dein Französischbuch.**

Schau dir dein Französischbuch einmal genau an: An vielen Stellen gibt es dir Informationen und Tipps. Finde mindestens drei Beispiele und stelle sie der Klasse vor.

Überprüfe, ob du das jetzt kannst:
- Begrüße deinen Freund / deine Freundin und frage, wie es ihm/ihr geht.
- Sage, wie es dir geht.
- Verabschiede dich von deinem Französischlehrer / deiner Französischlehrerin.

1 a Schau dir die Fotos von Paris an und finde die Sehenswürdigkeiten auf dem Stadtplan (am Ende des Buches) wieder.

b Arbeitet zu zweit. Lest die Informationen über diese Sehenswürdigkeiten im „Kleinen landeskundlichen Lexikon“, S. 107. Formuliert auf Deutsch eine Quizfrage zu jeder Sehenswürdigkeit und stellt sie euch gegenseitig.

PF **2** Anissa, Maxime und die anderen wohnen in Levallois. Schau dir die Karte am Anfang deines Französischbuches an. Wo liegt Levallois? Zeichne Levallois in deine persönliche Frankreichkarte ein.

C 6|6

> Deine persönliche Frankreichkarte findest du im Carnet auf S. 6 oder unter www.cornelsen.de/webcodes
> Gib folgenden Webcode ein: ATOI-1A-10

Das kannst du jetzt sagen

1

So begrüßt du jemanden:

Salut, (Anissa)!
Bonjour, madame.
Bonjour, monsieur.

So verabschiedest du dich von jemandem:

Salut!
Au revoir, madame.
Au revoir, monsieur.

So fragst du jemanden, wie es ihm geht:

Ça va?

So sagst du, wie es dir geht:

Super! 

Ça va. 

Bof! 

Diese Grammatik benötigst du dazu

2

Ça va?
Ça va.

→ **Die Intonationsfrage und der Aussagesatz**

Fragesatz

Ça va?

Et toi?

Aussagesatz

Ça va.

Bof!

C'est la rentrée

Le collège «Jean Jaurès» à Levallois

1|8

Préparer la lecture | Das Lesen vorbereiten

7|1

1 a Schau dir das Foto und die Sprechblasen an. Hör zu. Was verstehst du schon?

b Hör noch einmal zu und sprich leise mit.

Nach Unité 2 kannst du eine Szene spielen, in der du
- sagst, in welcher Klasse du bist,
- jemanden nach seinem Namen fragst,
- dich/jemanden vorstellst.

Lire et comprendre | Lesen und verstehen

2 a C'est qui? | Erkennst du die Jugendlichen wieder? Schau auch auf S. 6 nach.

1 
C'est ?.

2 
C'est ?.

3 
C'est ?.

4 
C'est ?.

5 
C'est ?.

b À toi. | Du stellst einen Mitschüler / eine Mitschülerin vor. Er/Sie stellt einen weiteren Mitschüler / eine weitere Mitschülerin vor. Setzt die Kette in der Klasse fort.

C'est Nicole.

C'est Max.

Répéter | Nachsprechen

1 | 9

3 a Écoute et répète. | Hör zu und sprich nach. ▶ Module A, p. 26

[e] rentrée Océane unité

[ɛ] collège Jaurès Michèle

b Folgende Wörter kannst du jetzt auch schon aussprechen.

c Was bedeuten diese Wörter? Wieso kannst du sie verstehen?

1 thème 2 métal 3 crème 4 idée 5 allée 6 activité

Parler | Sprechen

7|3a

4 a Qu'est-ce qui va ensemble? | Was gehört zusammen? Ordnet zu und spielt die Mini-Szenen.

1 Salut, je m'appelle Laurine! Et toi?

3 Coucou! C'est qui?

2 Salut, Anissa, ça va?

A Oui, ça va. Et toi?

B C'est toi, Nicolas?

C Moi, c'est Marie.

7|4

b Jouez la scène: «C'est la rentrée». | Spielt die Szene: „Am ersten Schultag". Ideen findet ihr auf S. 12–13.

1. Verteilt die Rollen: Wer ist Person A? Wer ist Person B? Wer ist Person C?
2. Lest das „Drehbuch" (rechts) genau: Formuliert die Sätze gemeinsam. Schreibt die Szene mit euren Namen.
3. Lernt eure Rolle auswendig.
4. Spielt die Szene der Klasse vor.

- A begrüßt B und stellt sich vor.
- B grüßt zurück und stellt sich ebenfalls vor.
- C begrüßt A und fragt, wie es ihm/ihr geht.
- A antwortet.
- B geht weg. C fragt A, wer B ist.
- A antwortet.

- Salut. Je m'appelle ___. / Et toi?
- Ça va?
- Super! / Ça va. / Bof!
- La fille / Le garçon, c'est qui?
- C'est ___.

Hier lernst du
- zu sagen, in welcher Klasse du bist,
- jemanden nach seinem Namen und seiner Klasse zu fragen.

Tu t'appelles comment?

1|10

www.cornelsen.de/webcodes ATOI-1A-15

1 **Écoute.** | **Hör dir die Gespräche an.**

In Frankreich werden die Klassen rückwärts gezählt: 6–5–4–3 usw.
La sixième (6e) entspricht der 6. Klasse.
La cinquième (5e) entspricht der 7. Klasse.
In welcher Klasse seid ihr?

1|11 9|1

2 **Écoute, lis et répète.** | **Mit dieser Übung prägst du dir wichtige Redewendungen ein. Sie helfen dir, ein Gespräch zu führen. Hör zu und lies mit. Da, wo eine Lücke steht, hörst du zu und sprichst dann nach.**

Wie heißt du?

Professeur: Bonjour. [——]?
Robin: Robin Teissier.
Professeur: Tu es en sixième A?
Robin: [——].

Bist du in der siebten Klasse?

Marie: Salut! [——]?
Anissa: Anissa.
Marie: [——]?
Anissa: Oui, je suis en cinquième B. Et toi?
Marie: Moi, [——].

9|2

3 **À vous. Jouez le dialogue à deux.** | **Arbeitet zu zweit. Bereitet einen Dialog vor und spielt ihn.**

- Moi, c'est ___. / Et toi? Tu t'appelles comment?
- Moi, c'est ___. / Je m'appelle ___.
- Tu es en ___?
- Non, je suis en ___. / Oui, je suis en ___. Et toi?
- Moi, je suis en ___.

C'est qui?

1|12

www.cornelsen.de/webcodes ATOI-1A-16

9|3

1 Écoute. | Hör dir das Gespräch zweimal an. Beim zweiten Mal sprichst du leise mit.

10|6

2 À vous. Jouez le dialogue à deux. | Arbeitet zu zweit. Bereitet Dialoge vor und spielt sie.

1. – **Le garçon**, c'est qui?
   – C'est Thomas. **Il** est dans la classe de Maxime.
2. – **La fille**, c'est qui?
   – C'est Océane. **Elle** est ___.

le garçon → il
la fille → elle

▶ p. 90

Hier lernst du
– zu sagen, wer wessen Freund ist,
– weitere Möglichkeiten kennen, jemanden vorzustellen.

Dans la cour

1
13–14

C'est la rentrée. Les élèves sont dans la cour.

1

2

3

4

5

Écouter, lire et comprendre | Hören, lesen und verstehen

1|13–14 11|1

1 Note. | Was erfährst du über diese Jugendlichen? Erstelle zu jedem Namen eine Mindmap.

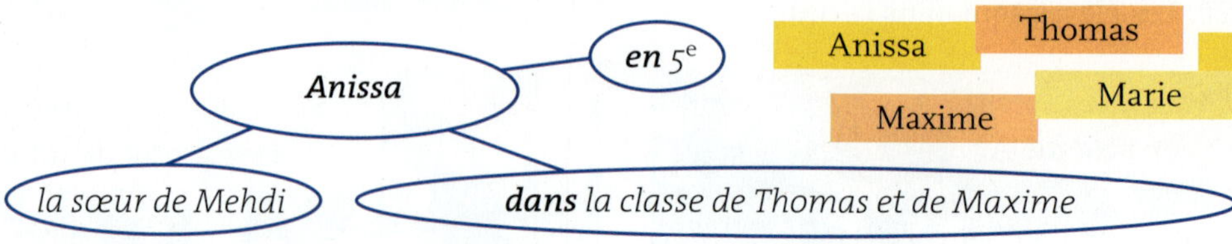

Anissa Thomas Laurine Maxime Marie Robin

▶ p. 90/91

Répéter | Nachsprechen

1|15 11|3

2 a Répète. | Sprich nach. In welchen Wörtern hörst du den Laut [u] (wie in Uhr), in welchen [y] (wie in Übung)?

1 Bonjour!	2 Salut!	3 vous
4 Coucou!	5 Super!	6 nous
7 tu	8 cour	

b Was schreibst du, wenn du den Laut [u] hörst und was, wenn du [y] hörst?

c Du kannst jetzt auch schon die folgenden Wörter aussprechen. Was bedeuten sie? Woher weißt du das?

1 purée	2 sud	3 tournée
4 bus	5 supermarché	
6 musée	7 Tour de France	

1|16 12|6

3 Le rap du verbe *être*. Écoute et répète. | Mit diesem Rap übst du das Verb *être* (sein). Hör zu und sprich nach.

Découvrir | Entdecken

12|4

4 Welcher Satz passt zu welchem Bild? Ordne zu. Woran erkennst du in den Sätzen, wann von mehreren Personen die Rede ist?

A

B

C

D
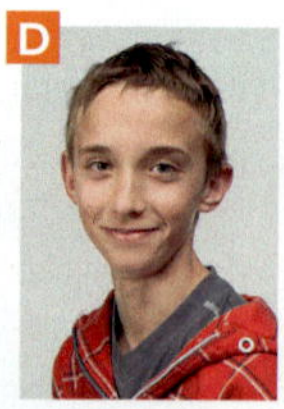
E

1. C'est l'amie de Laurine. Elle est en sixième.
2. C'est l'ami de Maxime. Il est en cinquième.
3. Ce sont les profs de la cinquième C.
4. Ce sont les amis de Nicolas. Ils sont dans la classe d'Océane.
5. Ce sont les amies de Marie. Elles sont en sixième A.

1|17

5 Écoute. | Hör zu. Ist von einer oder von mehreren Personen die Rede? Begründe deine Antwort.

Parler | Sprechen

6 Voilà les élèves de la 5e A et de la 5e B. | Dies ist ein Spiel für Partner A und Partner B.
Partner A sieht einige Schüler und Schülerinnen der 5e A und der 5e B.
Partner B schlägt S. 88 auf. Dort sieht B einen anderen Teil der 5e A und der 5e B.

B ▸ p. 88

- ♂ ▶ il est
- ♀ ▶ elle est
- ♂ et ♂ ▶ ils sont
- ♀ et ♂ ▶ ils sont
- ♀ et ♀ ▶ elles sont

a Ordnet nun durch Fragen die Schüler der richtigen Klasse zu.
Jede/r erstellt im Heft eine vollständige Namensliste der 5e A und der 5e B.
Zum Schluss vergleicht ihr eure Listen. Stimmen sie überein?

Partner A: B fragt dich nach den Schülern auf den Bildern. Antworte.

B: Anissa est en cinquième A?
A: Non, elle est en cinquième B.

B: Léo est en cinquième A?
A: Oui.

b Frage nun Partner B nach folgenden Schülern:

A: Sophie est en cinquième B?
B: Non, elle est en cinquième A.

1 Sophie | 2 Félix | 3 Anna et Éric | 3 Tao et Ahmed | 5 Léonie et Amel | 6 Youssouf | 7 Aïcha | 8 Wen et Gabriel

Écouter et parler | Hören und sprechen

1/18

7 Écoute et réponds. | Hör zu und antworte.

▶ p. 91

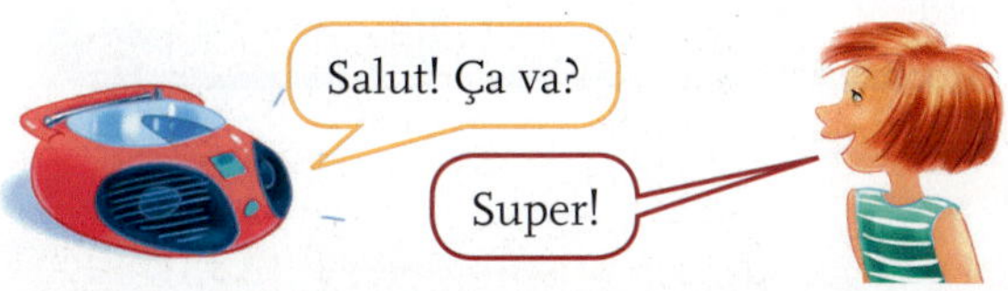

À toi: Joue la scène «C'est la rentrée»

8 Am ersten Schultag in eurer neuen Schule: Ihr seid auf dem Schulhof und stellt euch gegenseitig vor. Ihr begegnet auch einigen Lehrern. Ihr könnt dafür Szenen auf S. 17 auswählen. Spielt sie mit euren Namen vor.

13|10

▶ p. 91

Überprüfe, ob du das jetzt kannst:
- Sage, wie du heißt und in welcher Klasse du bist.
- Stelle deinen Freund / deine Freundin vor (Name, Klasse, Bruder/Schwester von ___).

Voilà la France

3

2

1

5

4

6

Apprendre à apprendre: lire | Leseverstehen trainieren

So kannst du französische Wörter verstehen ▶ **Méthodes, p. 102**

7

15|12
16|13

1 a Schau dir die Schaufenster, die Schilder und das Poster an. Um welche Orte handelt es sich? Wie bist du darauf gekommen?

PF

b À toi! | Welche französischen Wörter begegnen dir in deinem Alltag (Geschäfte, Lebensmittel usw.)? Schreibe sie auf oder schneide sie aus und klebe sie auf. Du kannst sie auch fotografieren. Stelle sie dann der Klasse vor.

8

Das kannst du jetzt sagen

1 **So stellst du dich vor:**

Je m'appelle (Nicolas).
Moi, c'est (Marie). Et toi?
Je suis le frère / la sœur de (Maxime).
Je suis en sixième / en cinquième.
Je suis dans la classe de (Laurine).
Je suis l'ami / l'amie de (Thomas) et d'(Anissa).

So fragst du nach jemandem und stellst vor:

C'est qui?
Voilà (Robin). / C'est (Robin).
C'est le frère / la sœur de (Maxime).
Il/Elle est en sixième / en cinquième.
Il/Elle est dans la classe de (Laurine).
C'est l'ami / l'amie de (Marie) et d'(Océane).

Diese Grammatik benötigst du dazu

2 **Je suis** en cinquième.
Il est dans la classe de Marie.

→ **Die Personalpronomen** *je*, *tu*, *il*, *elle* ... **und das Verb** *être*

être (sein)

Je	**suis**	en cinquième.
Tu	**es**	la sœur de Mehdi?
Il/Elle/On	**est**	dans la classe de Marie.
Nous	**sommes**	en sixième A.
Vous	**êtes**	la surveillante?
Ils/Elles	**sont**	dans la cour.

1

a Schau dir das Bild 1 an. Wofür steht *vous*? ▶ Solutions, p. 137

b Schau dir die folgenden Sätze an. Wann verwendest du *ils*? Wann verwendest du *elles*?
▶ Solutions, p. 137

– **Maxime** et **Thomas** sont en 6ᵉ?
– Non, **ils** sont en 5ᵉ.

– **Marie** et **Laurine** sont en 6ᵉ B?
– Non, **elles** sont en 6ᵉ A.

– **Nicolas** et **Marie** sont en 5ᵉ?
– Non, **ils** sont en 6ᵉ.

3 Je suis **le frère** de Thomas.
C'est **l'amie** de Marie.

→ **Die Nomen mit dem bestimmten Artikel:** *le*, *la*, *l'*, *les*

Der bestimmte Artikel und das Nomen im Singular (Einzahl)

♂		♀
le garçon	le / la / l'	**la** fille
l'ami		l'amie

Der bestimmte Artikel und das Nomen im Plural (Mehrzahl)

♂		♀
les frères	les	**les** sœurs
les amis [lezami]		**les** amies [lezami]

1 Le rap du verbe *être*. | Lernt den Rap zum Verb *être* und tragt ihn zu zweit als Partner-Rap vor: A beginnt, B „antwortet“.

1 16

2 Le verbe *être*. | Schreibt die Tabelle mit dem Verb *être* ab. Tauscht eure Blätter aus und korrigiert euch gegenseitig. ▶ Repères, p. 21/2

3 C’est qui? Posez des questions et répondez. | Wer ist das? Fragt und antwortet abwechselnd.

A: C’est qui?
B: C’est Anissa.

B: C’est qui?
A: Ce sont Laurine et Maxime.

4 a Pose des questions. | Du bist neu im Collège „Jean Jaurès“. Stelle Fragen. ▶ Repères, p. 21/2

Tu es
Vous êtes

la surveillante?
le prof de français?
Maxime?
les élèves de la sixième A?
Madame Bru?
la sœur de Maxime?
Laurine et Marie?

b Stellt euch die Fragen von a gegenseitig und beantwortet sie.

5 Complète. | Am ersten Schultag stellen sich alle vor. Ergänze die Sätze. ▶ Repères, p. 21/2

12|7

suis | es | est | sommes | êtes | sont

1. – Vous ? en sixième?
   – Non, nous ? en cinquième.
2. – Je ? Madame Bru, la prof de français. Et vous? Vous ? la surveillante?
   – Oui, je ? la surveillante.
3. – Moi, c’ ? Mehdi. Et toi?
   – Moi, c’ ? Thomas.
4. – Vous ? dans la classe de Nicolas?
   – Non, nous ? dans la classe de Robin.
5. – Marie et Laurine ? en cinquième B?
   – Non, elles ? en sixième A.
6. – Moi, c’ ? Océane. Et toi?
   – Je m’appelle Robin. Tu ? la sœur de Nicolas?
7. – Maxime et Thomas ? en sixième B?
   – Non, ils ? en cinquième.
8. – Tu ? en sixième A?
   – Non, je ? en sixième B.

6 Überprüft, ob ihr die Formen von *être* beherrscht: A sagt die Formen auf (vorwärts, rückwärts). B kontrolliert. Dann tauscht die Rollen.
14|11

▶ Repères, p. 21/2

Weitere Übungen dazu
im Buch: S. 18/3
im Carnet: S. 12/6+7

7 a Complète la règle. | Ergänze die Regel im blauen Kasten. Schreibe in dein Heft.

Der männliche Artikel lautet ?.
Der weibliche Artikel lautet ?.
Vor einem Vokal lautet der Artikel ?.

le garçon
l'ami
l'élève

la fille
l'amie
l'élève

b Complète par *le*, *la*, *l'*. | Ergänze mit *le*, *la*, *l'*. ▶ Repères, p. 21/3

1. C'est ? rentrée.
2. C'est ? surveillante.
3. Nicolas est ? frère d'Océane.
4. Laurine est ? amie de Marie.
5. Maxime est ? frère de Laurine.
6. Nicolas est dans ? classe de Marie.
7. Maxime est ? ami de Thomas.
8. Anissa est ? sœur de Mehdi.

8 Note. | Schreibe diese Nomen mit dem bestimmten Artikel im Plural in dein Heft: *le garçon, la fille, l'ami.* ▶ Repères, p. 21/3

9 Arbeitet zu zweit. Diktiert euch gegenseitig je fünf Nomen mit dem bestimmten Artikel im Singular. Schreibt sie im Singular auf und setzt sie dann in den Plural. ▶ Liste des mots, p. 112

Singular (Einzahl) — Plural (Mehrzahl)

10 a Écoutez et répétez. | Übt den Unterschied in der Aussprache zwischen Singular und Plural. Hört euch zuerst die Nomen an. Dann übt zu zweit: A liest B die folgenden Wortpaare laut vor. B überprüft die korrekte Aussprache. Dann tauscht die Rollen.
1 19

le frère – les frères	l'ami – les amis	le prof – les profs	la sœur – les sœurs
l'amie – les amies	l'élève – les élèves	la surveillante – les surveillantes	

b Nun liest A eines der Nomen von **a** mit dem Artikel vor. B sagt, ob es sich dabei um Singular oder Plural handelt. Wechselt euch ab.

Weitere Übungen dazu
im Buch: S. 18/4+5
im Carnet: S. 12/4+5

1 a Écoute et lis les virelangues. | Hör zu und lies die Zungenbrecher murmelnd mit.

Le ver vert va vers le verre vert.

Der grüne Wurm kriecht zum grünen Glas.

Belle brune,
Belle prune,
Belle pelle,
Brune prune.

b Choisis un des virelangues. | Wähle einen Zungenbrecher aus und übe ihn ein. Sprich ihn auf verschiedene Weise aus: mal flüsternd, mal laut, mal wütend, mal tröstend ...

c Qui parle le plus vite? | Jetzt geht es um Schnelligkeit. Wer aus eurer Gruppe spricht seinen Zungenbrecher am schnellsten und dabei auch richtig?

2 Écoutez, lisez et apprenez par cœur. | Hört und lest das Gedicht mit. Lernt es auswendig und spielt es als Dialog vor.

Bonjour madame,
Comment ça va?
Ça va pas mal.
Et votre mari[1]?
Il est malade[2]
À la salade.
Il est guéri[3]
Au céleri.

1 **votre mari** Ihr Ehemann
2 **malade** krank
3 **guéri/e** geheilt, wieder gesund

Wie ihr ein Gedicht zu zweit vortragen könnt:
- Sprecht eine oder mehrere Zeilen im Chor.
- Sprecht laut oder leise, langsam oder schnell.
- Wechselt euch ab und gestaltet das Gedicht als Dialog.
- Spielt das Gedicht wie eine kleine Szene.

3 Écoute et lis. | Hör zu und lies mit.

Il fait froid.

Ici, il fait chaud!
Il y a du soleil.

Ici, il fait mauvais.

Ah, il fait beau!
Ce n'est pas pareil!

Ici, il pleut! Et il neige.
Moi, je reste au collège.

Il fait beau et il fait chaud.
Moi, je suis bien dans ma peau.

Es ist kalt.
Hier ist es warm!
Die Sonne scheint.
Hier ist schlechtes Wetter.
Ah, es ist schönes Wetter!
Das ist nicht dasselbe!
Hier regnet es. Und es schneit.
Ich bleibe in der Schule.
Es ist schön(es Wetter) und es ist warm.
Ich fühle mich wohl in meiner Haut.

4 Lisez. | Lest das Gedicht zu zweit laut. A ist schlecht gelaunt und B gut. Das sollten eure Zuhörer auch hören können.

5 Sammelt aus dem Gedicht die Wendungen, die ihr verwenden könnt,
– um von schlechtem Wetter zu sprechen.
– um von gutem Wetter zu sprechen.
Schreibt sie auf und zeichnet Symbole dazu.

PF

6 a Quel temps fait-il aujourd'hui? | Wie ist das Wetter heute? Sieh aus dem Fenster und antworte.

b Spielt eine kurze Szene: Begrüßt euch, fragt nach eurem Befinden und sagt, wie das Wetter ist.

L'alphabet

1 La chanson de l'alphabet. Écoute et chante. | Hör erst zu und singe dann mit.

A B C, c'est la rentrée!

A B C – D E F! D E F, bonjour, Joseph!
D E F – G H I! G H I, ça va, Marie?
G H I – J K L! J K L, ça va, Christelle!
J K L – M N O! M N O, voilà Bruno!
M N O – P Q R! P Q R, et voilà Pierre!
P Q R – S T U! S T U, salut, salut!
S T U – V W! V W salut, Zoé!
Et puis X Y et Z, au revoir, Khaled!

2 a *L'apostrophe*, le *ç* et les *accents*. | Im Französischen gibt es einige Zeichen, die im Deutschen gar nicht oder nur selten vorkommen. Finde Beispiele in den Sprechblasen. ▶ Annexe, p. 111

Das Zeichen **'** heißt „apostrophe".
Das Zeichen **¨** heißt „tréma".
Der Buchstabe **é** heißt „e accent aigu".
Der Buchstabe **è** heißt „e accent grave".
Der Buchstabe **ê** heißt „e accent circonflexe".
Den Buchstaben **ç** nennt man „c cédille".

b Écoute. | Wann hörst du ein [k], wann hörst du ein [s]? Schreibe in dein Heft.
▶ L'alphabet phonétique, p. 111

français la cantine le garçon
le collège ça va le cinéma Océane

[k]	[s]

3 Tu t'appelles comment? | Fragt euch nach euren Vor- und Nachnamen. Buchstabiert sie euch gegenseitig.

1 Tu t'appelles comment?
2 Matti Goltz.
3 Tu peux épeler, s'il te plait?*
4 M-A deux T-I G-O-L-T-Z.

* **Tu peux épeler, s'il te plaît?** Kannst du bitte buchstabieren?

4 Comment est-ce qu'on écrit ...? | Einige Wörter ähneln sich im Deutschen und im Französischen sehr. Schlagt die folgenden Wörter in der Liste alphabétique, s. 142, nach. Wie schreibt man sie auf Französisch? Buchstabiert sie euch gegenseitig mit dem bestimmten Artikel.

A: das Hotel — die Klasse — der Park — die Toilette — der Salat

B: der Onkel — das Foto — die Postkarte — der Supermarkt — das Stadion

L apostrophe H-O accent circonflexe T-E-L

PF **5** *A comme ami.* | Erstellt euer persönliches Alphabet. Verteilt alle Buchstaben aus dem Alphabet in der Klasse. Finde zu deinem Buchstaben ein Wort und male ein Bild dazu. Stellt euer Bilderalphabet im Klassenraum aus. ▶ Liste alphabétique, p. 138

C 18|3

6 Trouve le mot. | Eine/r denkt sich ein französisches Wort aus. Die anderen nennen einzelne Buchstaben, bis sie das Wort erraten haben.
▶ Liste des mots, p. 112

_ _ _ l l _ _ _

* **Il y a un ...?** [iljaɛ̃] Gibt es ein ...?

Un quartier de Levallois

Dans le quartier de Nicolas

1 26

1

2

3

Qu'est-ce qu'il y a dans le quartier de Nicolas?
Il y a un supermarché,
il y a un cinéma, le cinéma Eiffel,
il y a un hôtel, l'hôtel des Arts,
il y a un collège, le collège Jean Jaurès,
et il y a aussi une librairie, la librairie de Madame Moreau.

4

Écouter, lire et comprendre | Hören, lesen und verstehen

1 27–28

1 Écoute, lis et chante le rap de Levallois. | Hör zu, lies und sing mit.

Nach Unité 3 kannst du
- sagen, wo du wohnst und woher du kommst,
- über deinen Wohnort sprechen,
- Adressen angeben.

Das kannst du hier z. B. in einem Rollenspiel trainieren.

5

6

7

Qu'est-ce qu'il y a à Levallois?
Il y a un cybercafé,
il y a des boulangeries et dans les boulangeries,
il y a des croissants. Miam! C'est bon!
Il y a des parcs,
il y a des murs peints,
il y a le métro,
il y a la Seine et près de Levallois, il y a ... Paris!

8

9

10

DELF 2 Lies den Text. Welchen Satz ordnest du welchem Foto zu? Warum?

Wörter aus anderen Sprachen, Bilder und Fotos helfen dir, neue Vokabeln zu verstehen. ▶ Méthodes, p. 102

3 Arbeitet zu zweit. Schließt euer Buch. Zählt alle Orte und Dinge in Levallois auf, an die ihr euch erinnert. Kontrolliert anschließend mit Hilfe des Buches.
19|1

Découvrir | Entdecken

20|3 **4 a** **Wenn du über Dinge sprichst, die es z. B. in deinem Wohnort gibt, brauchst du den unbestimmten Artikel. Betrachte die Beispiele und setze die Reihen fort.**

1. **le** collège – **un** collège; **le** supermarché – **un** supermarché;
   le cinéma – ? cinéma; l'ami – ? ami; l'hôtel – ? hôtel
2. **la** librairie – **une** librairie; **la** boulangerie – ? boulangerie;
   la classe – ? classe; **l'**amie – ? amie
3. le garçon – ? garçon; la surveillante – ? surveillante;
   le prof – ? prof; la prof – ? prof; la fille – ? fille

Lerne Nomen, die mit einem Vokal oder mit *h* beginnen, immer mit dem unbestimmten Artikel *un*, *une*. Erkläre warum.

b **Um von mehreren Dingen zu sprechen, brauchst du die Pluralform des unbestimmten Artikels *des*. Setze diese Reihe fort:**

un croissant – **des** croissants; **une** boulangerie – ? boulangeries;
un cybercafé – ? cybercafés; **un** surveillant – ? surveillants

Un und *une* haben eine Pluralform: *des*. Das ist anders als im Deutschen: *des cinémas* – ▭ Kinos, *des classes* – ▭ Klassen.

Vocabulaire | Wortschatz

5 a **Retrouve les mots. | Finde die Wörter wieder. Schreibe sie mit dem unbestimmten Artikel (*un*, *une*, *des*) auf.** ▶ Repères, p. 39/2

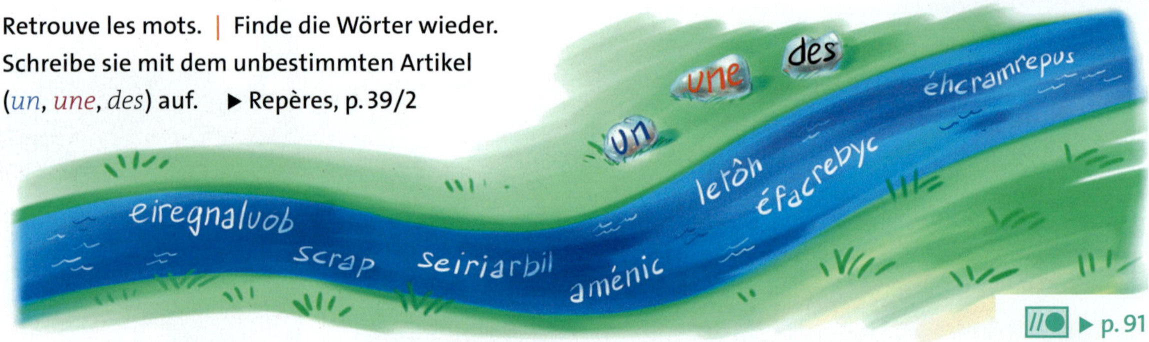

▶ p. 91

b **À toi! | Schreibe fünf Nomen rückwärts auf. Dein Nachbar / Deine Nachbarin liest sie richtig und nennt sie mit dem unbestimmten Artikel (*un*, *une*, *des*).** ▶ Liste des mots, p. 112

Écouter | Hören

1 29 **6** **Écoute. | Du hörst nun acht Nomen. Welches Nomen passt zu welchem Bild? Schreibe den passenden Buchstaben auf. Wie lautet das Lösungswort?**

U

A

Q

I

R

T

R

E

7 a Décrivez l'image. | Was gibt es in Khaleds Viertel? Beschreibt das Bild zu zweit. A fragt, B antwortet. Wechselt euch ab.

C 20|2

Qu'est-ce qu'il y a dans le quartier de Khaled?

Il y a une boulangerie.

1 30 DELF

b Vrai ou faux? | Ist hier von Khaleds Viertel die Rede? Hör zu und vergleiche mit dem Bild von oben. Was stimmt überein? Was nicht? Antworte auf Deutsch.

Écrire | Schreiben

8 a Qu'est-ce qu'il y a dans ton quartier? | Was gibt es alles in deinem Wohnort? Überlege und schreibe die Wörter auf, die du brauchst.

C 21|5

Du möchtest wissen, was z. B. Schwimmbad auf Französisch heißt? Dann schlage in einem Wörterbuch oder in einem Online-Wörterbuch nach (z. B. ▶ www.leo.org).

Hier gibst du deinen Suchbegriff ein.

Hier kannst du dir das Wort anhören.

f. = féminin = weiblich → Verwende ***la***, ***l'*** oder ***une***.
m. = masculin = männlich → Verwende ***le***, ***l'*** oder ***un***.

b Présente ton quartier. | Stelle deinen Wohnort vor. Du kannst z. B. einen Rap schreiben und vortragen (wie auf S. 28) oder eine Fotocollage anfertigen.
▶ Banque de mots, p. 120

PF C 21|4

À ___, il y a un/une/des ___.
Et il y a aussi un/une/des ___.
C'est le/la/les ___. Ce sont les ___.

On rentre ensemble?

1 31

www.cornelsen.de/webcodes ATOI-1A-32

22|2

1 **Écoute le dialogue.** | **Nach der Schule verabreden sich Nicolas und Robin. Hör dir das Gespräch an. Dann hör es dir noch einmal an und sprich leise mit.**

Nicolas: On rentre ensemble?
Robin: Je ne sais pas. Tu habites où?
Nicolas: Moi, j'habite 9, avenue de l'Europe.
Robin: C'est où?
Nicolas: C'est entre le métro et le roller parc.
Robin: Ah oui! Moi, j'habite 5, rue du Parc.
Nicolas: Super, c'est à côté! Alors, on rentre ensemble?
Robin: D'accord.

DELF **2** **Zeige auf dem Stadtplan, S. 33, wo Nicolas und Robin wohnen.**

Voilà la rue du Parc.

1 32–34

24|7
24|8

3 a **Écoute et répète.** | **Du willst eine Hausnummer angeben. Dazu lernst du hier die Zahlen von 1 bis 10. Hör dir die Zahlen an und sprich sie nach. Zeige dabei auf die Zahlen.**

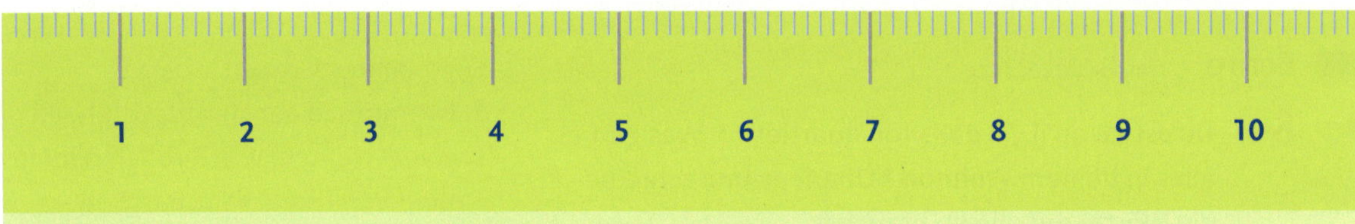

1 35

b **Complète.** | **Du hörst fünfmal die Zahlen von 1–10. In jeder Folge fehlen Zahlen. Hör zunächst nur zu. Dann sprich mit und ergänze. Zeige dabei auf die Zahlen im Lineal (von a).**

1 36

22|1

4 **Écoute, lis et répète.** | **Hör zu und lies mit. Da, wo eine Lücke steht, hörst du nur zu und sprichst dann nach.**

Wo wohnst du?

Tim: Léa, on rentre ensemble?
Léa: Je ne sais pas. [——]?
Tim: Moi, j'habite 8, rue de Paris.
Léa: [——]?
Tim: C'est entre le cinéma et la boulangerie.
Léa: Ah oui! Moi, [——].
Tim: Super, c'est à côté! Alors, [——]?
Léa: D'accord.

Sieh noch einmal genau hin.
Wie gibt man in Frankreich die Straße und die Hausnummer an?

Hier lernst du
– zu sagen, wo du wohnst,
– wo sich etwas befindet,
– dich zu verabreden.

5 a Suche die folgenden Adressen auf dem Plan.

Marie
8, avenue Georges Pompidou

Laurine
6, rue Anatole France

Mehdi
7, rue Victor Hugo

Thomas
2, rue de la Seine

b Jeu de rôle. | Spielt zu zweit eine Verabredung nach der Schule. Sucht euch dazu jeder eine Person von a aus. Zur Vorbereitung schaut noch einmal auf dem Plan nach, wo ihr wohnt, und stellt euch einander vor.

> Moi, c'est Marie. J'habite 8, avenue Georges Pompidou. C'est entre l'hôtel et la librairie.

> Moi, je m'appelle ___. J'habite ___. C'est entre ___ et ___.

DELF

c Übt eure Szene zuerst zu zweit an eurem Tisch. Dann spielt sie der Klasse vor.

C 23|5

A	B
On rentre ensemble?	Je ne sais pas. Tu habites où?
Moi, j'habite ___, ___.	C'est où?
C'est entre ___ et ___. Et toi? Tu habites où?	Moi, j'habite ___, ___. C'est entre ___ et ___.
Super, c'est à côté! Alors, on rentre ensemble?	D'accord!

Ils habitent à Levallois

1 37–39

1

Robin est de Marseille. Il est nouveau à Levallois. Il habite 5, rue du Parc. Nicolas habite 9, avenue de l'Europe. Après le collège, ils rentrent ensemble.

Robin: Je cherche un club de foot ... Il y a un club de foot à Levallois?
Nicolas: Oui, bien sûr, rue Victor Hugo. Le stade est entre le supermarché et le parc!
Robin: Super! Et il y a aussi une médiathèque?
Nicolas: Oui, rue Gabriel Péri.
Robin: Et un cinéma?
Nicolas: Oui! Il y a un cinéma, un cybercafé, un roller parc et regarde ... il y a même la tour Eiffel!
Robin: La tour Eiffel?
Nicolas: Oui, sur un mur peint, dans le parc Gustave Eiffel!

2

Laurine: Qu'est-ce que tu cherches?
Marie: Le navigo ... Oh zut! Le bus!
Laurine: Maxime et moi, nous rentrons à pied.
Marie: Vous habitez à côté?
Laurine: Oui, 6, rue Anatole France.
Marie: C'est où?
Laurine: C'est entre le métro Pont de Levallois et la Seine. Et toi, tu habites où?
Marie: J'habite 8, avenue Georges Pompidou, dans la tour!
Laurine: Ah, c'est à côté!

3

Laurine: Voilà Maxime! Il est avec Anissa! Coucou, Maxime! Marie, on rentre ensemble?
Marie: D'accord ...
Maxime: ... mais on passe par la boulangerie!

4

Hier lernst du zu sagen,
– woher du kommst,
– wo sich etwas befindet.

Écouter, lire et comprendre | Hören, lesen und verstehen

1 37–39 | C 25|1

1 **Vrai ou faux? | Richtig oder falsch? Korrigiere die falschen Sätze.**

1. Robin kommt aus Paris.
2. Nicolas und Robin gehen gemeinsam nach Hause.
3. Robin sucht ein Internetcafé.
4. Das Stadion liegt zwischen der U-Bahn und der Seine.
5. In Levallois gibt es eine Mediathek.
6. Marie sucht eine Bäckerei.
7. Maxime und Laurine gehen zu Fuß nach Hause.
8. Maxime und Anissa gehen bei der Buchhandlung vorbei.

Répéter | Nachsprechen

1 40

2 a **Écoute et répète. | Hier übst du Laute, die es im Deutschen nicht gibt. Hör zu und sprich nach.**

[ɑ̃] ensemble, la boulangerie, français, entre

[ɛ̃] cinq, le mur peint, Robin, un

b **Du kannst jetzt schon die folgenden Wörter aussprechen. Was bedeuten sie?**

1 les parents | **2** le cousin | **3** la tante | **4** la France

1 41

c **Übe diesen Zungenbrecher. Wer spricht ihn am schnellsten?**

Vincent Quentin rentre à Melun avec Robin et Valentin.

Vocabulaire | Wortschatz

3 **Qu'est-ce que c'est? Devinez. | Was ist das? Erratet, welche Orte hier abgebildet sind.**

A: Qu'est-ce que c'est, le numéro* un?
B: C'est un cinéma? / Je ne sais pas.
A: (Non), c'est une ____.

oder:

A: Qu'est-ce que c'est, le numéro* un?
B: C'est une boulangerie?
A: Oui.

* le numéro [lənymeʀo] die Nummer

1
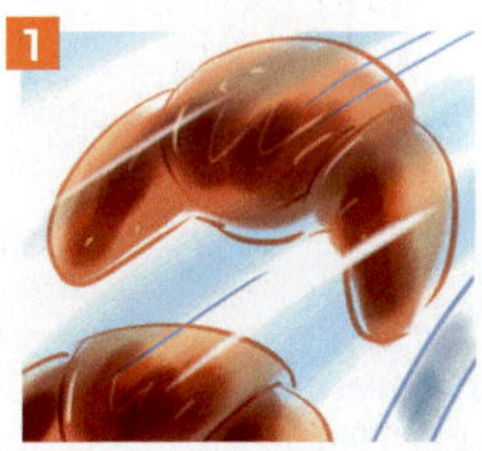

2

3

4

5

6

7

8

4 **À toi! | Zeichne selbst ein Bild, das ein Wort aus Unité 1, 2 oder 3 darstellt. Während du zeichnest, errät dein Nachbar / deine Nachbarin, was du zeichnest.**

Apprendre à apprendre: le vocabulaire | Vokabeln lernen

28|8

5 **So kannst du dir Vokabeln besser merken (1)** ▶ Méthodes, p. 96

a Es gibt mehrere Möglichkeiten, sich neue Wörter einzuprägen. Welche kennst du schon? Hier einige Tipps. Weitere erhältst du auf S. 56 und 76.
- Schreibe die neuen Wörter auf Karteikarten oder benutze ein Vokabellernprogramm.
- Ordne die Wörter paarweise an: *la fille – le garçon.*
- Ordne die Wörter in einer Mindmap. Das Thema steht in der Mitte.

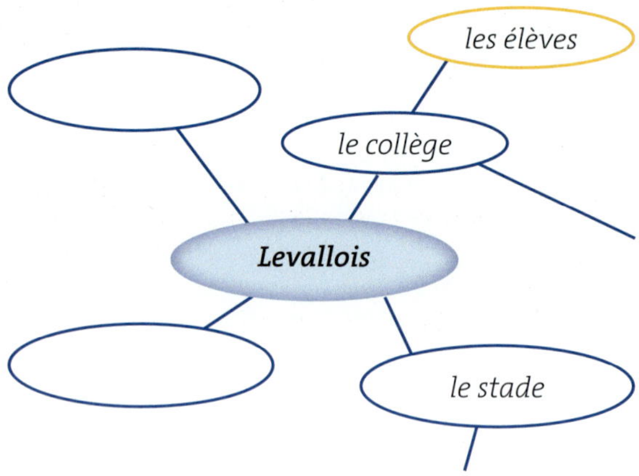

PF

b À toi! | Probiere es gleich aus und ergänze diese Mindmap zu Levallois in deinem Heft.

S'entraîner | Trainieren

6 a **Ils habitent où? | Wo wohnen sie? Partner B: Schlage S. 88 auf.**

B ▸ p. 88

Partner A: In einem deutsch-französischen Blog stellen sich Jugendliche vor. Du willst wissen, wo sie wohnen. Stelle Partner B die Fragen 1–5. B antwortet.

A: Marie habite à Levallois. C'est où?
B: C'est près de Paris.

1. Marie / Levallois
2. Tilo / Immenstadt
3. Fabian / Potsdam
4. Léa / Saint-Étienne
5. Luisa / Pipriac

b **Beantworte nun die Fragen von Partner B mit folgenden Städten:**

6. Marseille 7. Düsseldorf 8. Limoges 9. Dresden 10. Bochum

c **Findet die französischen Orte aus a und b auf der Frankreichkarte vorne in eurem Buch.**

7 DELF 26|3

Fragt und erklärt euch gegenseitig, woher ihr kommt und wo euer Wohnort / euer Wohnviertel liegt.

Tu es d'où? Tu habites où?

Je suis de Bochum. J'habite à Meerbusch. C'est près de Düsseldorf. Et toi?

Je suis de Berlin et j'habite à Charlottenburg. C'est un quartier de Berlin. C'est entre Schöneberg et Tiergarten.

Écouter | Hören

1|42 //● DELF

8 Écoute. Qui habite où? | Hör dir die vier Dialoge an. Wer hat die unten angegebenen Adressen?
Schreibe nur die Vornamen auf. //○ ▶ p. 92

Überlege **vor dem Hören**, was du wissen willst: hier die Namen und die Adressen.
Achte beim Hören nur auf diese Informationen.
▶ Méthodes, p. 97

6, rue Anatole France | 8, rue Gabriel Péri | 4, avenue Georges Pompidou | 3, rue du Parc

Parler | Sprechen

//○ 26|4

9 a Trouve les réponses aux questions. | Finde zu jeder Frage die passende Antwort.

1. Tu habites où?
2. Tu es de Marseille?
3. Il y a une boulangerie dans le quartier?
4. Levallois, c'est où?
5. Il y a un cinéma à Levallois?
6. Qu'est-ce que vous cherchez, monsieur?

A Oui, rue du parc.
B Un hôtel.
C 9, rue Gabriel Péri.
D Oui, elle est entre le cinéma et la librairie.
E C'est près de Paris.
F Non, je suis de Paris.

//● ▶ p. 92

b Vergleicht eure Ergebnisse zu zweit.

c Lisez les dialogues. | Arbeitet zu zweit. Lest die Minidialoge von a mehrmals. Ihr könnt sie für das Rollenspiel (Übung 10) verwenden.

27|6

À toi: Joue une scène «Après le collège»

10 Die Schule ist zu Ende. Ihr geht zusammen mit Freunden nach Hause. Wählt die Situation 1 oder 2 aus dem Text, S. 34, aus und schreibt sie auf euren Ort um. Lernt den Dialog auswendig und spielt ihn frei vor. Euer Rollenspiel könnt ihr z. B. beim nächsten Tag der offenen Tür aufführen.

– Denkt an Körperbewegungen und an euren Gesichtsausdruck.
– Braucht ihr Gegenstände, die zu eurer Szene passen: z. B. eure Jacken, Rucksäcke?
▶ Méthodes, p. 100

Du wohnst im Haus Nummer 37? Finde heraus, wo du die Zahl auf Französisch in deinem Buch finden kannst.

Überprüfe, ob du das jetzt kannst:
– Sage, woher du kommst und wo du wohnst (Adresse).
– Frage einen Mitschüler / eine Mitschülerin, was es in seinem/ihrem Wohnort gibt.
– Sage, wo sich Levallois befindet.

Bienvenue à Levallois!

29|11 **1 a** Schau dir die Homepage von Levallois an. Gehe dazu auf: Was ist das Maskottchen von Levallois?

www.cornelsen.de/webcodes
Gib folgenden Webcode ein: ATOI-1A-38

b Schau dir nun den Stadtplan von Levallois an. Dazu klickst du auf:

plan de ville

– Nenne zwei Nachbarstädte von Levallois.
– Finde heraus, in welcher Straße sich das Collège Jean Jaurès befindet.

2 a Suche jeweils die Namen eines Kinos, einer Bäckerei, einer Buchhandlung und eines Hotels in Levallois.

Gehe dazu auf die französischen „Gelben Seiten“: www.pagesjaunes.fr

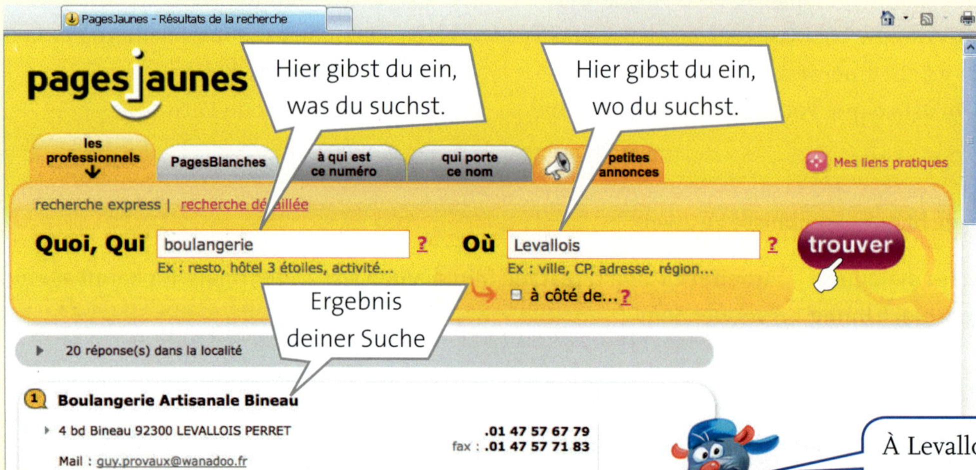

b Was hast du gefunden? Berichte über deine Ergebnisse.

3 Auf dieser Internetseite kannst du auch virtuell durch Levallois spazieren gehen. Finde heraus, wie das funktioniert und sieh dich dort um.

Tipp für die Internetrecherche:
Überfliege erst die Seite und achte auf Begriffe, die für deine Suche wichtig sind.

Das kannst du jetzt sagen

1 **So fragst du jemanden, woher er kommt, wo er wohnt und was es in seinem Wohnort gibt:**

Tu habites où?
Vous habitez où?
Tu es d'où?
Tu es de (Paris)?
Vous êtes de (Levallois)?
C'est où?
Qu'est-ce qu'il y a à (Levallois)?

So sprichst du über dich und deinen Wohnort:

J'habite à (Neuss).
J'habite (Bahnhofstraße 10).
Je suis de (Meerbusch).
C'est près de (Düsseldorf).
À (Neuss), il y a (un parc).
Dans le quartier, il y a aussi (un collège).
Il y a même (des librairies).

Diese Grammatik benötigst du dazu

2 Il y a **un** collège et **une** boulangerie. → **Der unbestimmte Artikel** *un*, *une*, *des*

Der unbestimmte Artikel im Singular (Einzahl)

♂		♀
un cinéma [ɛ̃sinema]	un | une	**une** librairie [ynlibʀeʀi]
un ami [ɛ̃nami]		**une** amie [ynami]

Der unbestimmte Artikel im Plural (Mehrzahl)

♂		♀
des cinémas [desinema]	des	**des** librairies [delibreri]
des amis [dezami]		**des** amies [dezami]

3 **J'habite** à Kempten. → **Die Verben auf** *-er*

Die Verben auf *-er*

chercher (suchen)

je	cherch	e	nous	cherch	ons
tu	cherch	es	vous	cherch	ez
il/elle/on	cherch	e	ils/elles	cherch	ent

habiter (wohnen)

j'	habit	e	nous	habit	ons
tu	habit	es	vous	habit	ez
il/elle/on	habit	e	ils/elles	habit	ent

4 **J'** habite à Berlin. → **Der Apostroph**

l'hôtel Tu es **d'**où? le frère **d'**Océane **l'**avenue **J'**habite à Levallois.

1 **Choisis le bon article.** | **Wähle den richtigen Artikel aus. Schreibe die Sätze in dein Heft.**
▶ Repères, p. 21/3; 39/2

Dans le quartier de Marianne, il y a **une** boulangerie. C'est **la** boulangerie de Madame Paul.

1. Dans le quartier de Marianne, il y a ? (*un*/*une*/*des*) boulangerie. C'est ? (*le*/*les*/*la*) boulangerie de Madame Paul.
2. Il y a ? (*un*/*une*/*des*) hôtels dans ? (*le*/*la*/*les*) quartier de Marianne?
3. Oui, il y a ? (*un*/*des*/*les*) hôtels et il y a aussi ? (*un*/*une*/*des*) parc, c'est ? (*le*/*la*/*les*) parc Jean Jaurès.
4. Il y a ? (*le*/*la*/*une*) médiathèque dans ? (*le*/*la*/*les*) quartier?
5. Oui, il y a ? (*la*/*une*/*des*) médiathèque. C'est ? (*le*/*la*/*les*) médiathèque «Média» dans ? (*les*/*la*/*une*) rue Gustave Eiffel.
6. Et à côté, il y a ? (*le*/*la*/*les*) métro.
7. Il y a ? (*un*/*le*/*la*) collège dans ? (*le*/*la*/*un*) quartier de Marianne?
8. Oui, c'est ? (*un*/*le*/*la*) collège Émile Zola.
9. Dans ? (*le*/*la*/*les*) cour, il y a ? (*un*/*une*/*des*) prof. C'est Monsieur Dax, ? (*le*/*la*/*un*) prof de français.
10. Dans ? (*le*/*les*/*la*) classe, il y a ? (*un*/*une*/*des*) filles. C'est qui? Ce sont ? (*la*/*les*/*des*) sœurs de Florent?

2 a **Traduis.** | **Übersetze:** *eine Schülerin, Schülerinnen, ein Mädchen, Mädchen, ein Junge, Jungen, Freundinnen, ein Bruder, ein Park, Lehrer, eine Schwester, eine Bäckerei, ein Stadtviertel, Kinos.* **▶ Repères, p. 39/2**

b **Vergleicht und besprecht eure Ergebnisse zu zweit.**

Weitere Übungen dazu
im Buch: S. 30/4+5
im Carnet: S. 20/2+3

1 43

3 **Écoute et répète.** | **Hör erst zu. Dann lies folgende Nomen mit den Artikeln vor. Denke – wenn nötig – an die Bindung:**
des élèves, des croissants, des amis, des collèges, des avenues, des hôtels, des boulangeries.

4 a **Sieh dir die Formen von *chercher* genau an (S. 39/3). Schlage das Buch zu und schreibe sie auf.**

b **Tauscht eure Blätter aus. Korrigiert euch gegenseitig.**

c **Le verbe *regarder*.** | **Konjugiere das Verb *regarder* (ansehen).**

5 a **Du willst sagen, wo du wohnst. Dafür brauchst du das Verb *habiter* (wohnen). Würfelt zu dritt.**

⚀ j' ⚁ tu ⚂ il/elle/on ⚃ nous ⚄ vous ⚅ ils/elles

A würfelt. B bildet die passende Form von *habiter*.
C kontrolliert mit Hilfe der Repères, p. 39/3.
Wechselt euch ab.

⚁ tu → tu habites

b **Würfelt mit zwei Würfeln weiter. Bildet nun Sätze mit dem Verb *habiter*.**

⚅ ils/elles ⚀ dans une tour → Ils habitent dans une tour.

⚀ dans une tour | ⚁ à Levallois | ⚂ près de Paris | ⚃ à côté | ⚄ rue du parc | ⚅ *(deine Adresse)*

6 **Qu'est-ce qui va ensemble? | Was passt zusammen? Es gibt mehrere Möglichkeiten.** ▶ **Repères, p. 39/3**

Je/J'	habites aussi à Levallois?
Tu	cherche une librairie.
Marie	passent par le roller parc.
Il	cherchons la rue Gabriel Péri.
On	rentre à pied.
Nous	habite à côté.
Vous	passe par la boulangerie.
Robin et Nicolas	rentrez ensemble?

Weitere Übungen dazu
im Buch: S. 36/6+7
im Carnet: S. 27/7

27|5 **7 a** **Schreibe die Namen deiner Mitschüler und Freunde in zwei Spalten:**

beginnt mit Vokal	beginnt mit Konsonant
Anna	Marius
___	___

b **Fragt euch nun abwechselnd nach den Freunden und Geschwistern eurer Mitschüler und Freunde. Achtet darauf, ob ihr *l'* oder *d'* verwenden müsst.** ▶ **Repères, p. 39/4**

A: **L'**amie **d'**Anna, c'est qui?
B: C'est Yvonne.

B: Le frère de Marius, c'est qui?
A: Je ne sais pas. / C'est Paul.

1 a (CD 1, 44) Écoute. | Hör zu und achte auf die Aussprache: [ɛ̃] [ɑ̃]

[ɛ̃] Un chien chasse un lapin.

Ein Hund jagt ein Kaninchen.

[ɑ̃] Dans ta tente, ta tante t'attend.

In deinem Zelt wartet deine Tante auf dich.

b Écoute et répète. | Hör zu und lies die Zungenbrecher murmelnd mit.

c À toi! | Wähle einen der Zungenbrecher aus. Klopfe einen Rhythmus auf den Tisch und sprich ihn leise dazu. Beginne langsam und bleibe im Takt. Steigere dein Tempo allmählich.

d À vous! | Einigt euch auf einen Zungenbrecher. Sprecht ihn gemeinsam zu einem Rhythmus, den ihr klopft oder stampft. Steigert euer Tempo gemeinsam.

Achtet immer wieder auf die richtige Aussprache. Überprüft euch anhand der CD.

2 (CD 1, 45–46) Écoute et répète. | Hör zu und lies das Gedicht murmelnd mit.

Rentrer

Je rentre chez moi.
Tu rentres chez toi.
Il rentre à Levallois.
Elle rentre de chez Marie.
Nous rentrons à Paris.
Vous rentrez à pied.
Ils rentrent de chez René.
Elles rentrent à la maison.
À table[1]! Mmm. Ça sent bon[2]!

1 **À table!** Zu Tisch!
2 **Ça sent bon!** Das riecht gut!

3 (PF) À toi! | Écris un poème. Schreibe selbst ein Gedicht mit einem der folgenden Verben:

habiter | chercher | regarder | être

4 (CD 1, 47) Écoute et lis. | Hör zu und lies diesen Abzählreim leise mit.

Welche Abzählreime kennst du?

Un, deux, trois – du charbon de bois.

Quatre, cinq, six – mangez des saucisses.

Sept, huit, neuf – un barbecue neuf.

Et puis dix – on invite Francis.

le charbon de bois
die Holzkohle

la saucisse
die Wurst

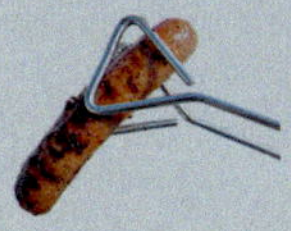

le barbecue neuf
der neue Grill

5 (CD 1, 48) Écoute, lis et trouve le bon ordre. | Hör dir das Lied an, lies den Text und bringe die Bilder in die richtige Reihenfolge.

En France, il y a une ville.
C'est Lyon, ma ville[1].
À Lyon, il y a une colline[2],
Eh oui, une colline.

En France, il y a une ville.
Eh oui, c'est Lyon, ma ville.

Sur la colline, il y a un quartier.
La Croix-Rousse, mon quartier.
Dans le quartier, il y a un collège,
«Clément Marot», mon collège.

En France ...

Dans le collège, il y a un gymnase[3],
Eh oui, un gymnase.
Dans le gymnase, il y a des élèves.
C'est nous, c'est bien nous.

En France ...

1

4

2

5

3

6

1 **ma ville** meine Stadt
2 **la colline** der Berg, der Hügel
3 **le gymnase** die Turnhalle

6 Chantez. | Hört das Lied noch einmal an und singt mit.

Hier kannst du die Vokabeln und die Grammatik wiederholen, die du in den Unités 1–3 gelernt hast.
Das Arbeitsblatt zu den Révisions 1 findest du unter www.cornelsen.de/webcodes ATOI-1A-44.

Vocabulaire | Wortschatz

PF **1** Qu'est-ce qui va ensemble? | Was passt zusammen?
Schreibe die Wortpaare in dein Heft oder in dein Lerntagebuch.

madame – monsieur

madame	la boulangerie	le navigo	au revoir	le garçon	monsieur								
le stade	un	bonjour	elle	le club de foot	il	le croissant							
le frère	les élèves	la fille	une	le bus	la sœur	le prof							

2 a Trouve les mots. | Was siehst du auf dem Bild?
Schreibe mindestens zehn Nomen mit dem bestimmten Artikel *(le, la, l', les)* auf. Wer findet mehr?

b Betrachtet das Bild zehn Sekunden lang. Klappt eure Bücher zu. Wer kann sich an die meisten Dinge erinnern und sie benennen?

3 Trouve les rimes. | Finde die Wörter, die sich reimen. Sprich sie dir dazu laut vor. Ein Wort passt nicht.

le cybercafé	le croissant	un	la tour	le mur peint	la cour	dans
le supermarché	la rentrée	monsieur	bonjour	habiter	le surveillant	

Grammaire | Grammatik

1/49

4 **Écoute.** | **Hör dir die zehn Sätze an. Schreibe auf, ob du einen Frage- oder einen Aussagesatz hörst.** ▶ Repères, p. 11/2

	Frage	*Aussage*
1.	*x*	
2.		

5 a **Complète.** | **Ergänze die Sätze mit den Artikeln** *un*, *une*, *des* **und** *le*, *la*, *les*. ▶ Repères, p. 21/3; 39/2

1. À Levallois, il y a ? rue.
2. Dans ? rue, il y a ? collège.
3. Dans ? collège, il y a ? élèves.
4. Ce sont ? élèves de la cinquième B.

b **À toi!** | **Denke dir eine Kette von Sätzen mit den Artikeln wie in a aus.**

6 **Complète.** | **Ergänze die Sätze mit den Personalpronomen** *il*, *elle*, *ils*, *elles*. ▶ Repères, p. 21/2

1. C'est la rentrée. Voilà Thomas, Maxime et Anissa. ? sont en cinquième.
2. Voilà Marie. ? est en sixième A.
3. Voilà Nicolas. ? est dans la classe de Marie et Laurine.
4. Regarde les filles dans la cour. ? sont en sixième.
5. Et les garçons? ? sont aussi en sixième?

7 **Complète.** | **Ergänze die Sätze mit der passenden Verbform in deinem Heft.** ▶ Repères, p. 39/3

1. Robin ? *(cherches/cherche/cherchons)* la rue Danton. C' ? *(est/es/être)* où?
2. Marie et Laurine ? *(rentres/rentrent/rentre)* ensemble. Elles ? *(passent/passons/passe)* par la boulangerie.
3. – Et vous? Vous ? *(rentrer/rentrons/rentrez)* aussi?
   – Oui. Et on ? *(passons/passent/passe)* par la librairie.
4. – Tu ? *(es/est/êtes)* nouveau?
   – Oui, je ? *(sont/suis/sommes)* de Marseille.
5. Les profs ? *(sommes/sont/êtes)* dans la cour et nous ? *(suis/sommes/sont)* dans la classe.

8 a **Questions et réponses.** | **Stelle zuerst die Fragen wieder her und finde dann die passenden Antworten.**

1. qui c'est ?
2. habites où tu ?
3. où c'est ?
4. tu qu'est-ce que cherches ?
5. en sixième Anissa est ?
6. qu'est-ce qu' à Paris il y a ?

A Le navigo de Max.
B Il y a la tour Eiffel, la Seine …
C Non, elle est en cinquième.
D C'est près de Paris.
E C'est Anissa.
F À Levallois.

b **À vous!** | **Arbeitet zu zweit. Stellt euch gegenseitig die Fragen von a und beantwortet sie.**

Le vocabulaire en classe

Chanter | Singen

2 2–3 **1** Écoute et chante. | Hör zu und sing mit.

Le français, c'est fastoche!

Salut, les jeunes!
Comment ça va?
Ça va super?
Ça va bof bof?
Alors, écoutez!

Voilà la prof,
Voilà la classe,
Regardez, écoutez!
Voilà les mots, voilà la phrase!
Écoutez et répétez!

Le français, c'est fastoche!
Le français, c'est dans la poche!
Le français, c'est fastoche!
Le français, c'est dans la poche!

Bonjour, bonjour!
Ça va toujours?
Ouvrez les livres!
Cherchez la page!
Lisez et répondez!

Alors, les jeunes?
Vous êtes encore là?
Maintenant, s'il vous plaît,
Fermez les cahiers
Et parlez français!

Le français, c'est fastoche!
Le français, c'est dans la poche!
Le français, c'est fastoche!
Le français, c'est dans la poche!

2 Spielt Kofferpacken. Zählt auf, was es in eurem Klassenraum gibt.
C 33|2
▶ Liste des mots, p. 121

Dans notre salle de classe, il y a des chaises.

Dans notre salle de classe, il y a des chaises et un tableau.

1

2

3 **En cours de français. | Hör zu und lies die Sätze oben leise mit. Dann bearbeite die Aufgaben a–g.**

2|4

a Wie bittest du jemanden, etwas zu wiederholen?

33|4

b Der Lehrer / Die Lehrerin sagt: *„Les devoirs: page 9, numéro 3"*. Was könnte das bedeuten? Erkläre es deinem Nachbarn / deiner Nachbarin.

c Sage auf Französisch, dass du ein Wort nicht verstehst, und frage danach.

d Sage deinem Nachbarn / deiner Nachbarin, was folgende Wörter auf Französisch heißen: 1. Schulhof; 2. Junge; 3. Lehrerin; 4. Tafel. Bilde ganze Sätze.

e Sage auf Französisch, dass du etwas nicht weißt.

f Entschuldige dich und sage, dass du dein Buch / deinen Rucksack / deinen Stift nicht dabei hast.

g Du musst zur Toilette gehen. Was sagst du?

4 **Wählt eine der beiden Szenen oben aus und spielt sie nach.**

PF

5 **Lege eine Liste mit wichtigen Sätzen und Fragen für den Französischunterricht an.**

La famille de Nicolas et d'Océane

1 Nicolas et Océane sont les ? de Christelle et de Frédéric.

2 Sarah est la ? de Nicolas.

3 Isabelle est la ? de Nicolas.

4 Violette est la ? de Christelle.

5 Océane est la ? de Christelle.

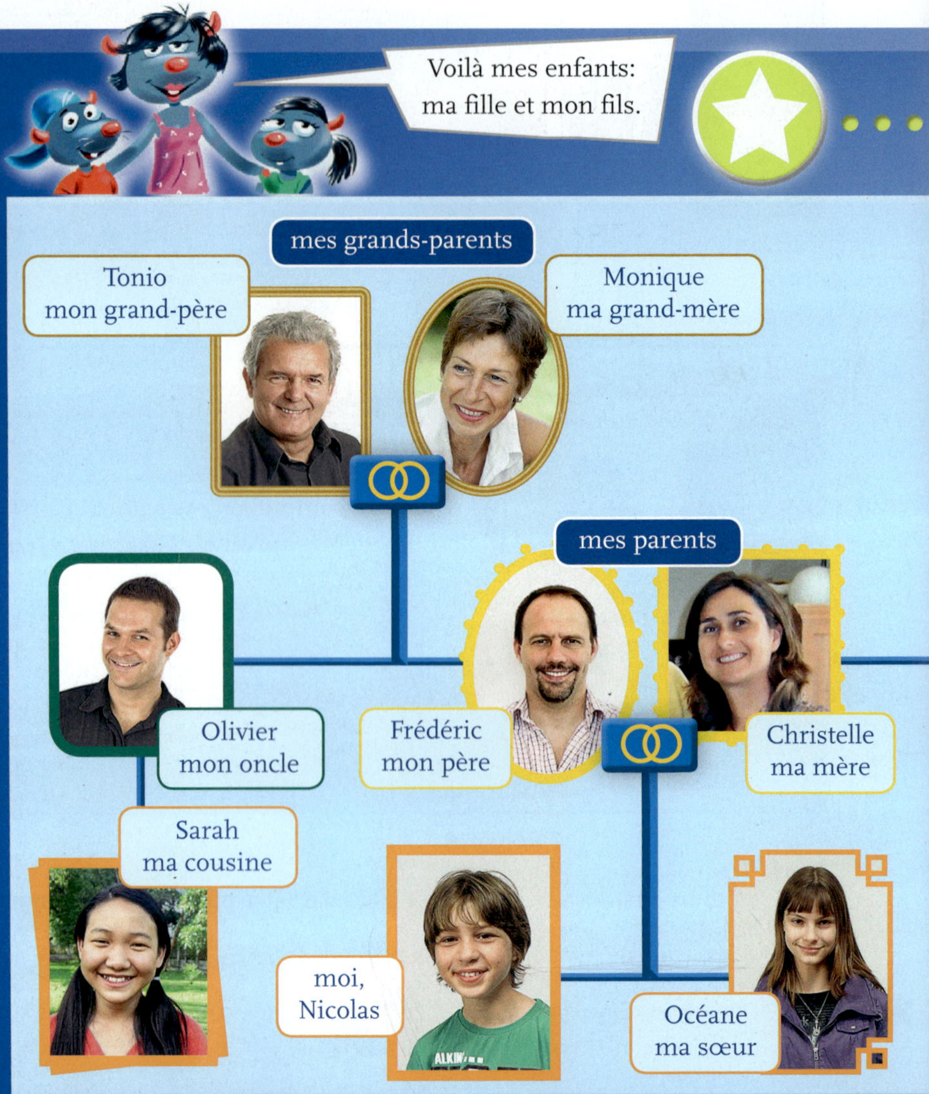

6 Olivier est le ? de Frédéric.

7 Tonio est le ? d'Océane.

8 Isabelle est la ? de Loïc.

Écouter et comprendre | Hören und verstehen

1 a Nicolas stellt seine Familie vor. Arbeitet zu zweit. Hört zu und zeigt euch gegenseitig auf dem Stammbaum die Person, von der Nicolas gerade spricht.

b Écoute et répète. | Hör dir an, was Nicolas sagt. Sprich nach.

c Écoute et complète. | Hör zu und ergänze die fehlenden Wörter. Sprich sie laut.

Nach Unité 4 kannst du z. B. eine E-Mail schreiben, in der du dich und deine Familie, deine Freunde und deine Haustiere vorstellst.

9 Matthieu et Loïc sont les ? de Nicolas.

10 Christelle est la ? de Loïc.

11 Tonio est le ? de Frédéric.

12 Ludovic est l'? d'Océane.

13 Monique est la ? de Nicolas.

14 Frédéric est l'? de Sarah.

15 Christelle et Frédéric sont les ? de Nicolas et d'Océane.

16 Isabelle est la ? de Christelle.

17 Loïc est le ? de Ludovic.

18 Matthieu est le ? d'Océane.

19 Sarah est la ? d'Olivier.

20 Violette et Jean sont les ? de Nicolas.

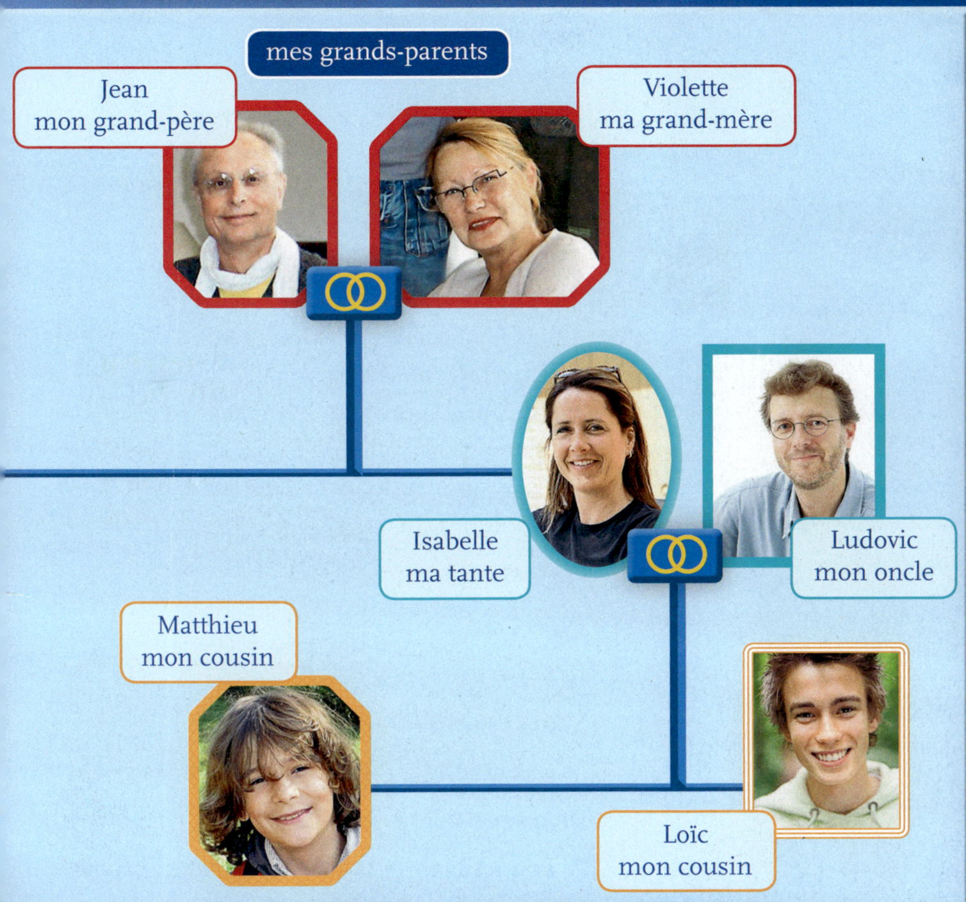

Jouer | Spielen

2 À vous! | Spielt in Gruppen. Wählt einen Spielleiter / eine Spielleiterin. Ihr braucht einen Würfel und Spielfiguren. Würfelt, setzt und vervollständigt den Satz mündlich. Der Spielleiter / Die Spielleiterin überprüft die Antwort (▶ Solutions, p. 137). Ist der Satz falsch, so geht der Spieler / die Spielerin zum Start zurück. Wer ist zuerst am Ziel?

C 34|1
34|2
35|3

Tu as des frères et sœurs?

2/8

www.cornelsen.de/webcodes ATOI-1A-50

1 Écoute le dialogue. | Es ist der erste Tag der Städtebegegnung zwischen Levallois-Perret und der Partnerstadt Berlin-Schöneberg. Deutsche und französische Schüler interviewen sich gegenseitig. Hör dir das Gespräch an. Dann hör es noch einmal und sprich leise mit.

Lisa: Tu t'appelles comment?
Laurine: Je m'appelle Laurine Fournier.
Lisa: Tu as quel âge?
Laurine: J'ai onze ans.
Lisa: Tu habites où?
Laurine: Mon adresse, c'est 6, rue Anatole France à Levallois.
Lisa: Tu as des frères et sœurs?
Laurine: Oui, j'ai une sœur et deux frères. Ma sœur s'appelle Camille. Mes frères s'appellent Théo et Maxime.
Lisa: D'accord. Tu as un animal?
Laurine: Oui, j'ai un chat. Il s'appelle Réglisse.
Lisa: Merci.
Laurine: À toi maintenant ... Tu t'appelles comment? ...

2/9 — C 37|3, 37|5

2 a Répète les chiffres. | Du willst sagen, wie alt du bist. Hör zu und sprich die Zahlen bis 20 nach.

2/10

b Tu as quel âge? | Wie alt bist du? Sprich mit und präge dir dabei die Frage und die Antworten ein.

2/11

c Sprecht die Fragen und Antworten zu zweit. A fragt und B antwortet. Dann tauscht die Rollen.

Tu as quel âge? – J'ai onze ans.
Tu as quel âge? – J'ai douze ans.
Tu as quel âge? – J'ai treize ans.
Tu as quel âge? – J'ai quatorze ans.
Tu as quel âge? – J'ai quinze ans.
Tu as quel âge? – J'ai seize ans.
dix-sept ans, dix-huit ans, dix-neuf ans, vingt ans

2/12 — C 36|2

3 Écoute, lis et répète. | Hör zu und lies mit. Da, wo eine Lücke ist, hörst du zu und sprichst dann nach.

Wie alt bist du?

– Noah, [——]?
– [——]. Et toi?
– Moi, j'ai 13 ans. Et [——]?
– Oui, [——].

Hast du Haustiere?

– Damien, [——]?
– Oui, [——].
– Un chat ... Et [——]?
– Il s'appelle Toulouse.

Hier lernst du zu sagen,
- wie alt du bist,
- ob du Geschwister und/oder Haustiere hast und wie sie heißen.

DELF 38|6b

4 Faites une interview. | Interviewt euch gegenseitig.

A	B
Salut! Tu t'appelles comment?	Moi, je m'appelle ___.
Tu as quel âge?	J'ai onze (douze, treize) ans.
Tu habites où?	Mon adresse, c'est ___, rue ___ à ___. / J'habite ___, rue ___ à ___.
Tu as des frères et sœurs?	– Non. + Oui, j'ai un frère. Il s'appelle ___. + Oui, j'ai deux (trois, ...) frères. Ils s'appellent ___. + Oui, j'ai une sœur. Elle s'appelle ___. + Oui, j'ai deux (trois, ...) sœurs. Elles s'appellent ___.
Tu as un animal?	(see table below)
Merci!	À toi maintenant ... Tu t'appelles comment?

– Non.			
+ Oui, j'ai	un chien.  un chat.  un cochon d'Inde.  un hamster. 		Il s'appelle ___.
	une perruche.  une tortue. 		Elle s'appelle ___.
	deux (trois, ...)	chiens. chats. cochons d'Inde. hamsters.	Ils s'appellent ___ et ___.
	deux (trois, ...)	perruches. tortues.	Elles s'appellent ___ et ___.

Dein Haustier ist nicht dabei? Schau in einem Wörterbuch oder in der **Banque de mots** auf S.126 nach.

Ça, c'est moi!

2 13–15

1

Mon nom: Nicolas Moreau

Mon adresse: 9, avenue de l'Europe à Levallois

Mon âge: douze ans

Mon père: Frédéric. Il travaille dans un collège à Paris. Il est prof de sport.

Ma mère: Christelle. Elle a une librairie.

Ma sœur: Océane. Elle a quatorze ans. Elle a un copain. C'est Mehdi.

Mon animal: Nous avons un chien, il s'appelle Confetti!

Mes copains et mes copines: Robin, Marie et Laurine

Mon oncle Olivier habite en Allemagne. Il parle bien allemand. Et toi? Tu as quel âge? Tu parles français? Tu as des frères et sœurs? Ils ont quel âge? Tu as un animal?

À plus! Nicolas

2

Accueil | Boîte de réception (10) | Re : Bonjour!

Envoyer | Joindre | Brouillon | Orthographe | Annuler

▶ **Salut,**

je m'appelle Robin, j'ai douze ans et je suis en sixième B. Mon collège, c'est le collège Jean Jaurès. J'habite à Levallois avec mon père. Ma mère est à Marseille. Nous avons trois animaux: deux cochons d'Inde et une perruche.

Voilà Peggy. Elle chante même la nuit! C'est l'horreur!

Voilà Flûte. Il est sympa, non?

Et voilà le copain de Flûte. **C'est Zut!**

Et dans ta famille, vous avez des animaux? Et ton collège? Il s'appelle comment? Et tes amis?

@+

Robin

P.-S. Tu as des questions?

3

▶ **1** J'ai treize cousins et cousines: onze cousins et deux cousines! J'ai aussi une sœur, elle s'appelle Flora et elle a vingt ans. Elle habite à Paris avec sa copine Lucie. À Levallois, il y a mes parents, ma grand-mère, son chat Pistache, ses perruches Dalida et Adamo ... et bien sûr, mon amie Laurine!

2 Parle plus fort!

3 Je parle un peu allemand. Et toi? Sprichst du Französisch?

Hier lernst du
- weitere Möglichkeiten kennen, dich und deine Familie vorzustellen,
- jemanden mit seiner Familie vorzustellen.

Lire et comprendre | Lesen und verstehen

DELF
C 39|1

1 a Suche dir einen der drei Texte auf S. 52 aus und löse die dazugehörige Aufgabe. ▶ p. 92

1

Nicolas

Vrai ou faux? | Korrigiere die falschen Aussagen.

1. Nicolas wohnt in der rue de l'Europe.
2. Er ist dreizehn Jahre alt.
3. Der Vater von Nicolas unterrichtet Sport.
4. Die Schwester von Nicolas ist fünfzehn.
5. Nicolas' Onkel spricht gut deutsch.

2

Robin

C'est qui? | Wer ist das?

1. Er geht in die Klasse 6B.
2. Sie wohnt in Marseille.
3. Es ist ein Wellensittich.
4. Er ist zwölf und wohnt bei seinem Vater.
5. Er ist nett und sein Freund heißt Zut.

3

Marie

Was erfährst du über sie? Fertige eine Mindmap auf Deutsch an.

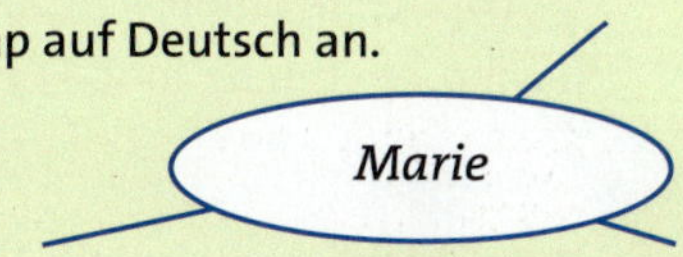

b Sucht euch jemanden, der/die den gleichen Text bearbeitet hat. Vergleicht eure Ergebnisse.

c Stellt nun „eure" Person der Klasse vor.

Répéter | Nachsprechen

2|16

2 a Hier hörst du Wörter mit dem Laut [ɔ̃] (wie *oncle*) und Wörter mit dem Laut [ɑ̃] (wie *tante*). Wenn du [ɔ̃] hörst, hebe den rechten Arm, bei [ɑ̃] den linken.

1 mon oncle	2 ma tante
3 mes parents	4 allemand
5 le garçon	6 français

b Hör noch einmal zu und sprich nach.

2|17

c Sprich diese Zungenbrecher richtig aus. Wer spricht sie am schnellsten?

[ɔ̃] Mon oncle Gaston
habite à Lyon
avec son cochon.

[ɑ̃] Les enfants de ma tante
chantent ensemble à Nantes.

d Du kannst jetzt auch schon die folgenden Wörter aussprechen. Was bedeuten sie?

1 la chambre	2 le salon
3 l'appartement	4 pardon

Découvrir | Entdecken

3 a **Am Ende dieser Unité stellst du deine Familie vor. Dafür musst du z. B. wissen, wie man „mein" auf Französisch sagt. Betrachte die Beispiele: Wann benutzt man *mon*, *ma*, *mes*?**

Voilà **ma mère** et **mon père**; voilà **mes frères** et voilà **mes sœurs**.

b **Besprecht zu zweit, wann ihr *mon*, *ma*, *mes* verwendet. Erklärt dann den anderen, was ihr herausgefunden habt.**

c **Complète. | Setze *mon*, *ma*, *mes* ein.**

C 40|3

la famille – ma famille; le frère – ? frère; l'âge – ? âge; l'adresse – ? adresse; les parents – ? parents; les cousines – ? cousines; les animaux – ? animaux; le quartier – ? quartier; le collège – ? collège; le copain – ? copain; la copine – ? copine; le chien – ? chien; le navigo – ? navigo; le club de foot – ? club de foot

> Vor Nomen, die mit einem Vokal oder *stummem h* beginnen, verwendest du im Singular immer *mon*, z. B.
> *mon ami* *mon amie*

▶ p. 93

4 a **Betrachte diese Beispiele: Wann verwendest du *ton*, *ta*, *tes*?**

C'est **ton cousin**? C'est **ta cousine**? Ce sont **tes grands-parents**?

Und wie sagst du „deine Adresse" auf Französisch?

b **C'est qui? | Jeder/Jede schreibt auf einen Zettel die Namen von fünf Mitgliedern seiner Familie. Dann tauscht ihr die Zettel. Stellt euch gegenseitig Fragen.**

C 40|4

– Karin, c'est **ta** grand-mère?
– Oui, c'est **ma** grand-mère.

– Jonas, c'est **ton** frère?
– Non, c'est **mon** cousin.

41|6 **5 a** Schau dir die Bilder an und erkläre, wann du *son*, *sa*, *ses* verwendest.

1

son père – sein Vater

2

son père – ihr Vater

3

sa mère – seine Mutter

4

sa mère – ihre Mutter

5

ses cousins – seine Cousins

6

ses cousins – ihre Cousins

7

ses perruches – seine Wellensittiche

8

ses perruches – ihre Wellensittiche

b Complète. | Setze *son*, *sa* oder *ses* ein.

Nicolas et ? mère; Océane et ? mère; Sarah et ? chat; Matthieu et ? chat; Océane et ? oncle; Nicolas et ? oncle; Thomas et ? amis; Anissa et ? amis; Laurine et ? sœur; Mehdi et ? sœur

c Vergleicht eure Ergebnisse zu zweit.

S'entraîner | Trainieren

2 18 41|8 **6** Écoute et répète. | Mit diesem Rap übst du das Verb *avoir* (haben). Hör zu und sing mit. ► Texte du rap, p. 137

In Frankreich **hat** man die Jahre „auf dem Buckel".

Vocabulaire | Wortschatz

PF **7 a** Finde auf dem Spielbrett (S. 48–49) und in den Texten 1, 2 und 3 (S. 52) alle Nomen zu den Themen *la famille* und *les animaux*. Erstelle eine Mindmap. ► Méthodes, p. 96

b Du willst dich und deine Familie vorstellen. Sammle aus den Texten alle Wendungen, die du dafür brauchst. Schreibe sie in dein Heft.

Apprendre à apprendre: le vocabulaire | Vokabeln lernen

8 **So kannst du dir Vokabeln besser merken (2)** ▶ **Méthodes, p. 96**

42|11

a Welche Methoden kennst du schon? Zähle sie auf.
Hier zwei weitere Tipps:
- Sprich dir die neuen Wörter vor: laut, leise, zornig usw. Du kannst vor dem Spiegel üben.
- Gestalte die Vokabeln zeichnerisch in einem Wortbild (*mot-image*).

b À toi! | Gestalte drei Wörter aus der Übung **7a** als Wortbild.

Écouter | Hören

2|19 DELF

9 **Écoute. Qui parle? Alice Calvet ou Alice Borel? | Hör zu. Spricht Alice Calvet oder Alice Borel?**

la famille Calvet

la famille Borel

Écouter et parler | Hören und sprechen

2|20 DELF

10 a **Écoute et réponds. | Gib Auskunft über dich.**
Hör dir die Fragen an. Dann hör sie dir noch einmal an und antworte.

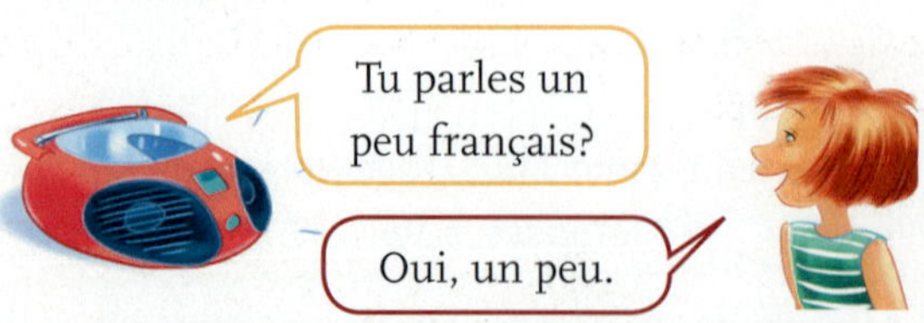

Je parle (un peu / bien) ___.
Je m'appelle ___.
J'ai ___ ans.
J'habite à ___.
J'ai ___ frère(s) ___ sœur(s).
Il/Elle s'appelle ___.

b **Faites l'interview. | Hört noch einmal zu. Führt dann das Interview von a zu zweit.**

Parler | Sprechen

11 a Voilà Mehdi et Laurine. | Partner B schlägt S. 89 auf. Partner A: Laurine stellt sich in diesem Steckbrief vor. Beantworte die Fragen von Partner B.

B ▸ p. 89

b Partner B hat Mehdis Steckbrief. Stelle B folgende Fragen zu Mehdi. Mach dir Stichpunkte.

- Il a quel âge?
- Il habite où?
- Il a un animal?
- Sa copine, c'est qui?
- Il a des frères et sœurs?
- Il/Elle s'appelle comment?
- Il est en cinquième?

nom:	Laurine
classe:	sixième A
âge:	onze ans
sœur:	Camille
frères:	Maxime, Théo
adresse:	6, rue Anatole France à Levallois
copine:	Marie
animal:	un chat

c Tauscht eure Ergebnisse aus und korrigiert euch gegenseitig.

12 a Findet euch zu zweit zusammen. Ihr habt zwei Minuten Zeit. Stellt euch so viele Fragen wie möglich. Macht euch Stichpunkte in euer Heft.
▶ Méthodes, p. 98

DELF

b Stelle deinen Partner / deine Partnerin der Klasse vor, ohne den Namen zu nennen. Die anderen erraten, von wem du sprichst.

Tu as ___?
Il/Elle s'appelle comment?
Tu habites où?
Tu es de ___?
Tu parles ___?
Tes grands-parents habitent où?
___

C'est qui? Il a douze ans.
Il habite à Gelsenkirchen, Idastraße 16.
Il a deux frères. Ses frères s'appellent Igor et Mischa.
Il a une tortue. Sa tortue s'appelle Malcolm.
Sa grand-mère habite à Smolensk. ...

À toi: Présente ta famille

13 Antworte auf Robins E-Mail (S. 52). Stelle dich mit deinen Verwandten, Freunden und Haustieren vor. Wähle dafür eine Form, die dir gefällt, z. B. einen Steckbrief, ein Poster oder eine E-Mail. Du kannst dich auch filmen. Schau in deinen Notizen zu Übung 7 (S. 55) nach.

PF
42|10
DELF

Du kannst dir auch eine Fantasiefamilie ausdenken!

Überprüfe, ob du das jetzt kannst:
– Sage, wie alt du bist.
– Stelle zwei Mitglieder deiner Familie vor.

1 a Schau dir die Internetseite an. Worum geht es? Was kannst du alles verstehen?

b Erstelle einen Steckbrief von deinem Haustier oder einem Haustier, das du gerne haben möchtest.

PF

Mon animal, c'est ___. /
J'ai un/une ___.
Il/Elle s'appelle ___.

Il/Elle est | mon numéro[1] un / super / mon ami/e | parce qu'il/elle est[2] | sympa. / drôle[3]. / super.

Il/Elle a ___ ans.

1 **le numéro** die Nummer
2 **parce qu'il/elle est** weil er/sie ist
3 **drôle** lustig

c Organisiert einen Wettbewerb in der Klasse. Stellt dazu eure Tiere anhand der Steckbriefe vor und wählt das Tier aus, das euch am besten gefällt.

Das kannst du jetzt sagen

1

So fragst du jemanden nach seiner Familie:

Tu as des frères et sœurs?
Il/Elle s'appelle comment?
(Tom), c'est ton frère?
C'est ton père / ta mère?
Ce sont tes grands-parents?
Tu as des animaux?
Ils/Elles s'appellent comment?
Ils/Elles ont quel âge?

So sprichst du über deine Familie:

Voilà ma famille.
J'ai un frère / deux sœurs.
Il/Elle s'appelle (Mehdi/Léa).
Il/Elle parle bien (allemand).
Il/Elle parle un peu (français).
C'est (mon père). Il est prof.
(Ma mère) travaille dans (une librairie).
(Olivier) est le frère de mon père.
(Isabelle) est la fille de (Jean).
Ce sont mes (grands-parents).
J'ai un (chat). Il s'appelle (Caramel).
Il/Elle a (trois) ans.

Diese Grammatik benötigst du dazu

2

Voilà **mon** père.
C'est **ta** tante?

→ **Die Possessivbegleiter** *mon*, *ma*, *mes* ...

Der Possessivbegleiter im Singular (Einzahl)

♂		♀
père [mɔ̃pɛʀ]	ma / ta / sa	mère [mamɛʀ]
ami [mɔ̃nami]	mon / ton / son	amie [mɔ̃nami]

Der Possessivbegleiter im Plural (Mehrzahl)

♂		♀
frères [mefʀɛʀ]	mes / tes / ses	sœurs [mesœʀ]
amis [mezami]		amies [mezami]

3

J'ai 13 ans.
Tu as des frères et sœurs?

→ **Das Verb** *avoir*

avoir (haben)

J'	**ai**	une sœur.
Tu	**as**	quel âge?
Il/Elle/On	**a**	un frère.
Nous	**avons**	un chien.
Vous	**avez**	des animaux?
Ils/Elles	**ont**	des copains.

Unterscheide die Aussprache von:
- *ils‿ont* [ilzɔ̃] (sie haben)
  ils sont [ilsɔ̃] (sie sind)
- *elles‿ont* [ɛlzɔ̃] (sie haben)
  elles sont [ɛlsɔ̃] (sie sind)

1 Complète | Setze *mon*, *ma* oder *mes* ein. ▶ Repères, p. 59/2

? oncle, ? famille, ? copain, ? copines, ? cochon d'Inde, ? perruche, ? frère, ? sœur, ? cousins, ? quartier, ? collège, ? classe, ? animal, ? profs, ? grand-mère, ? amie

//O **2 a** Complète. | Hier werden Tom und Lola vorgestellt. Setze *son*, *sa*, *ses* ein. ▶ Repères, p. 59/2

Tom habite à Kempten avec
? **père**,
? **mère**,
? **sœur** et
? **grands-parents**.
? **âge**: 13 ans.

Lola habite à Paris avec
? **père**,
? **mère**,
? **sœur** et
? **grands-parents**.
? **âge**: 12 ans.

//● ▶ p. 93

b Übersetze die Sätze von a. Was ist anders als im Deutschen?

3 Présentez Daniel et Julia. | Daniel und Julia suchen Freunde in einem Internetforum. Arbeitet zu zweit. Stellt sie euch gegenseitig vor. Verwendet *son*, *sa*, *ses*. ▶ Repères, p. 59/2

C ▶ 40|5

Voilà Daniel. Il habite à Berlin avec **son père**, **sa mère** ...

Weitere Übungen dazu
im Buch: S. 54/3, 55/5
im Carnet: S. 41/6

Brieffreunde suchen / Chercher des corres

Daniel

Salut, je m'appelle Daniel. J'habite à Berlin avec **mon père**, **ma mère**, **mes deux sœurs** et **mon chat**. **Mes copains**, ce sont Ali et Leo. **Mon quartier**, c'est Kreuzberg. **Mon adresse**, c'est Zossener Straße 16, à Berlin.

Julia

Salut, je m'appelle Julia. J'habite à Hambourg avec **mon père**, **ma mère**, **mes trois sœurs** et **mon chien**. **Mes copines**, ce sont Kim et Mona. **Mon quartier**, c'est Altona. **Mon adresse**, c'est Funkstraße 3, à Hambourg.

4 a Complète. | **Laurine zeigt Marie Fotos von ihrer Familie. Ergänze die Sätze mit** *mon*, *ma*, *mes* / *ton*, *ta*, *tes* / *son*, *sa*, *ses*. ▶ **Repères, p. 59/2**

Laurine: Regarde. Là, ce sont ? parents.
Marie: Et là? C'est ? frère?
Laurine: Oui, c'est ? frère, Théo. Et à gauche, c'est ? copain Noah.
Marie: Et là, c'est ? sœur?
Laurine: Oui, c'est ? sœur Camille avec ? perruches. Regarde! Il y a aussi une photo de ? cousins. Ils sont super!

b Bringt eigene Fotos mit. Stellt euch gegenseitig eure Familien vor.

5 Überprüft, ob ihr die Formen von *avoir* **schon gut beherrscht: Schlagt euer Buch zu. A sagt ein Personalpronomen und B nennt die passende Form von** *avoir*. **Wechselt euch ab.** ▶ **Repères, p. 59/3**

6 Le verbe *avoir*. **Complète.** | **Ergänze mit der passenden Form von** *avoir*. ▶ **Repères, p. 59/3**

41|7

1.

– Tu ? quel âge?
– J' ? douze ans.

2.

– Vous ? des animaux?
– Oui, nous ? trois chats.

3.

– Elle ? une sœur?
– Non, elle ? un frère.

4.

– Ils ? un chien?
– Non, ils ? une perruche.

5.

– Vous ? un chien?
– Non, nous ? deux chiens.

6.

– J' ? une sœur.
– Elle ? quel âge?

7 *Être* **ou** *avoir*? | **„Sein" oder „haben". Wähle die richtige Verbform aus.** ▶ **Repères, p. 21/2; 59/3**

1. Je/J' ? (ai/suis) en sixième.
2. Tu ? (as/es) un frère?
3. Elle ? (a/est) une librairie.
4. On ? (a/est) de Levallois.
5. Nous ? (avons/sommes) des animaux.
6. Vous ? (avez/êtes) prof de sport?
7. Ils ? (ont/sont) en Allemagne.
8. Tim et Lea ? (ont/sont) treize ans.

Weitere Übungen dazu

im Buch: S. 55/6
im Carnet: S. 41/8+9

un deux trois quatre cinq six sept huit neuf dix onze douze treize quatorze quinze seize dix-sept dix-huit dix-neuf vingt

2 21–22 **1** **Écoute et chante.** | **Hör zu und sing mit.**

2. Deux éléphants, ça trompe, ça trompe.
Deux éléphants, ça trompe énormément.

...

20. Vingt éléphants, ça trompe, ça trompe.
Vingt éléphants, ça trompe énormément.

2 23 **2 a** **Écoute le poème et répète.** | **Hör zu, lies mit und sprich das Gedicht nach.**

PF **b** **Qu'est-ce qui rime?** | **Finde zuerst heraus, welche Namen aus dem oberen Kasten sich mit welchen Wörtern aus dem unteren reimen. Schreibe dann dein Gedicht in dein Heft.**

Dario Yasmin Romain
toi et Camille Albin et Amandine
Paula et Robert Philippe et Bertrand

trois cousins quatre grands-pères
des croissants six copains une copine
sept photos deux familles

c **Apprends ton poème par cœur et présente-le à la classe.** | **Lerne dein Gedicht auswendig und trage es deinen Mitschülern vor.** ▶ Méthodes, p. 99

Esther
a un hamster.
Armand
a 15 ans.
Jean-Luc et Bertille?
Ils ont deux filles.
Violaine et Mara?
Elles ont trois chats.
Toi et Adrien,
vous avez des chiens?
Moi, mon frère et mes sœurs,
nous avons un ordinateur.
Mais moi, qu'est-ce que j'ai, moi?
Je ne sais pas, je ne sais pas ...

3 Écoute et lis. | Hör zu und lies mit. Worum geht es in diesem Lied?

2 24

4 Dessine une table. | Zeichne einen Tisch in dein Heft und platziere um den Tisch alle Personen und Tiere, die in dieser Familie vorkommen. Wie viele sind es?

Dans ma famille, on est nombreux
Il y a ma mère et son amoureux
Mon père et sa nouvelle fiancée
Il paraît qu'ils vont se marier
N'oublions pas mes trois demi-frères
Mes deux grands-pères, mes deux grands-mères
Plus la mamie de mon faux-père
Et la sœur de mes frères

Refrain: C'est tout ça, ma famille
C'est tout ça, c'est tout ça
C'est tout ça, ma famille
C'est tout ça plus moi

À l'école, je n'explique pas tout
Sinon, il y en a qui seraient jaloux
Je ne parle pas de mes demi-frères
Je dis seulement: «Ce sont mes frères»
À l'école, je n'explique pas tout ça
Même la maîtresse ne comprendrait pas
Je le dis qu'au gentil Nicolas
Qui a le même genre de famille que moi

Dans une famille je ne sais pas s'il faut
Compter aussi les animaux
Le perroquet de mon grand-père
Mes poissons rouges et mon hamster
Plus le gros chien de ma mamie
Les poissons rouges, les canaris
Faudra que j'en parle à Nicolas
Qui a deux petits chats

Quand je serai grande je crois
Que j'épouserai Nicolas
On invitera tous nos parents
Ça fera du monde au restaurant
Quand les années auront passé
Il faudra tout recompter
On ajoutera aux deux familles
Nos garçons et nos filles

Paroles et musique:
Christian Ferrari de l'album «Ma famille, c'est tout ça!»

In diesem Lied gibt es viele Wörter, die du kennst. Finde sie und schreibe sie in dein Heft. Dann löse die Aufgabe 4.

Den französischen und den deutschen Text des Liedes findest du unter www.cornelsen.de/webcodes Gib folgenden Webcode ein: ATOI-1A-63

Hier kannst du überprüfen, welche Kompetenzen du in den Unités 1–4 erworben hast. Das Arbeitsblatt zum Bilan findest du unter www.cornelsen.de/webcodes ATOI-1A-64.

Compréhension écrite | Leseverstehen

DELF **1** **Regarde le prospectus et réponds aux questions. | Schau dir den Prospekt an und beantworte die Fragen.**

1. Wofür wirbt die Anzeige?
   a eine Tierhandlung
   b Bücher über Tiere
   c die Internetseite eines Zoos
2. Du hast 10 € in der Tasche. Was könntest du dir laut dieser Anzeige kaufen?
3. a Wo kannst du weitere Informationen zu diesem Thema finden?
   b Wo kannst du das Produkt kaufen?

2 **C'est qui? | Finde die passenden Paare.**

1. le frère de mon père	A mon frère
2. la fille de ma mère	B mon grand-père
3. le père de ma mère	C mon cousin
4. le fils de mon père	D mon oncle
5. la sœur de ma mère	E ma tante
6. le fils de mon oncle	F ma sœur

Production écrite | Schriftlicher Ausdruck

DELF **3** **Voilà mon copain! Voilà ma copine! | Wähle Enzo oder Charlotte aus und stelle ihn/sie vor. Erfinde Informationen über ihn/sie (Familie, Freunde, Haustier, Wohnort, Schule ...). Schreibe mindestens fünf Sätze in dein Heft.**

Charlotte

Enzo

Compréhension orale | Hörverstehen

2/25 **4** **Écoute. Vrai ou faux? | Hör dir das Gespräch an. Überprüfe, ob die folgenden Aussagen richtig sind.**

1. Die Szene spielt auf dem Schulhof.
2. Drei Schüler unterhalten sich.
3. Der Junge heißt Pierre.
4. Das Mädchen heißt Julie.
5. Die Schüler sprechen über die Schule.
6. Sein/Ihr Cousin ist in der 5e A.

2/26 DELF **5** **Écoute et remets dans l'ordre. | Hör zu und ordne die Bilder der Familien in der Reihenfolge, in der sie vorgestellt werden.**

1

la famille Perrotin

2

la famille Ballaud

3

la famille Dupuis

Production orale | Mündlicher Ausdruck und Sprachmittlung

DELF **6** **Présentez-vous en français. | Stellt euch gegenseitig vor. Fragt und antwortet.**

- Fragt nach Namen und Adresse und nennt sie.
- Fragt und sagt, in welcher Klasse ihr seid.
- Fragt und sagt, wer eure Freunde sind.
- Fragt nach eurer Familie und stellt sie vor.
- Erzählt euch, was es in eurer Stadt, eurem Viertel oder eurem Ort gibt.

7 **Jeu de rôle. | Ihr lernt im Urlaub einen Franzosen kennen. Dein Freund spricht kein Französisch, hat aber viele Fragen. Frage für ihn und dolmetsche die Antworten. Spielt zu dritt.**

1. Wie heißt er?
2. Wie alt ist er?
3. In welcher Klasse ist er?
4. Wo wohnt er?
5. Hat er Geschwister?
6. Hat er ein Haustier?

Les hobbys

2
27

2
27
1 Écoute, lis et répète. | Hör zu, lies mit und sprich nach.

2 Lest die Texte in den Sprechblasen noch einmal. Welche Hobbys könnt ihr verstehen? Warum? Wo schlagt ihr die Wörter nach, die ihr nicht versteht?

3 Spielt zu zweit Pantomime.
A spielt ein Hobby vor und B errät es.

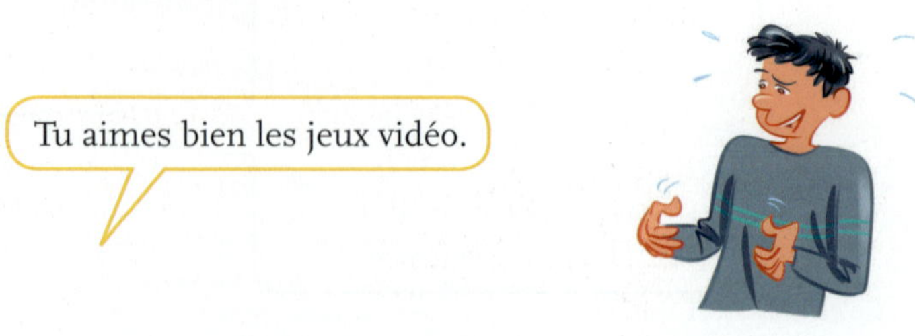

C 47|1 47|2

4 **Geht in der Klasse umher und befragt euch gegenseitig zu euren Hobbys.**
▶ Banque de mots, p. 130 / ▶ Méthodes, p. 106

Qu'est-ce que tu aimes?
Qu'est-ce que tu n'aimes pas?

Moi, j'aime le volley. Mais je n'aime pas le foot. Et toi?

Moi non plus.
Moi, j'adore la danse.

- ♡♡♡ j'adore
- ♡♡ j'aime beaucoup
- ♡ j'aime (bien)
- (♡ durchgestrichen) je n'aime pas trop
- (♡♡ durchgestrichen) je n'aime pas
- (♡♡♡ durchgestrichen) je déteste

Moi et ma chambre

2 28–29

Préparer la lecture | Das Lesen vorbereiten

1 Regarde les chambres. | Schau dir die Zimmer an.
Welche Gegenstände kennst du bereits? Nenne sie auf Französisch.

Nach Unité 5 kannst du dein Zimmer oder deine Wohnung beschreiben, z. B. in einer E-Mail.

Écouter et comprendre | Hören und verstehen

2|30

2 a Regarde les chambres et écoute. | Schau dir die Zimmer an (S. 68–69) und hör zu. Wo befinden sich die Gegenstände? Zeige sie auf dem Bild. Vergleiche mit deinem Nachbarn / deiner Nachbarin.

48|1

b Übt zu zweit. A fragt nach einem Gegenstand, B zeigt ihn. Wechselt euch ab.

A: Où est le lit? B: Voilà le lit. Où sont les photos? A: Voilà les photos. ___?

Vocabulaire | Wortschatz

2|31

48|2

3 Écoute, chante et mime. | Hör zu, sing mit und führe die Bewegungen aus. ▶ Méthodes, p. 96

devant | derrière | sur | sous | à gauche | à droite | entre

4 a Fais un associogramme. | Finde auf den Seiten 68–69 alle Wörter zum Thema *la chambre*. Erstelle eine Mindmap. ▶ Méthodes, p. 96

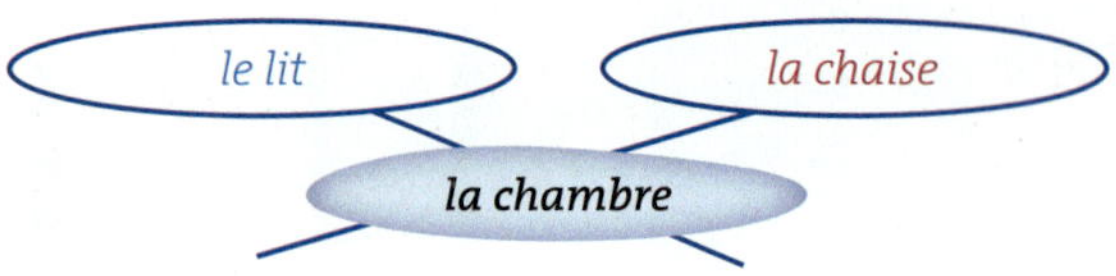

Schreibe alle männlichen Nomen blau und alle weiblichen Nomen rot.

b Qu'est-ce qu'il y a dans ta chambre? | Schreibe Gegenstände von a auf, die sich auch in deinem Zimmer befinden.

Dans ma chambre, il y a | un ___.
Et il y a aussi | une ___.
| des ___.

S'entraîner | Trainieren

5 Spielt „Kofferpacken". Nennt abwechselnd Gegenstände, die sich in euren Zimmern befinden.

Dans ma chambre, il y a un lit.

Dans ma chambre, il y a un lit et ___.

6 Où sont les objets? | Schau dir noch einmal die Zimmer von Laurine und Maxime an (S. 68–69). Sage, wo sich die Gegenstände befinden.

La console Les photos Le VTT La boîte Les mangas ___	est sont	sur sous devant derrière dans	la porte le bureau la boîte le lit l'armoire ___	dans la chambre de	Laurine. Maxime.

7 À gauche ou à droite? | Arbeitet zu zweit. Stellt euch abwechselnd Fragen und antwortet.

C 49|3

1. – Où est **Nicolas**?
   – **Il** est à droite.

2. – Où sont **Laurine** et **Océane**?
   – **Elles** sont ___.

Nicolas | Laurine et Océane | Marie | Anissa et Mehdi | Maxime et Thomas | Robin

Parler | Sprechen

8 a Où est le poster de Robin? | Partner B: Schlage S. 89 auf.
Partner A: Beantworte die Fragen von Partner B.

B ▸ p. 89
C 50|5b

B: Où est le poster de Robin?
A: Sur l'étagère, à gauche.

Où est ___? / Où sont ___?

sous	sur
devant	derrière
dans	entre
à gauche	à droite

b Frage nun Partner B, wo sich die folgenden Gegenstände befinden.

le lecteur mp3 | les livres | les DVD | le miroir | la console | la perruche

2/32

Je n'ai pas mon sac de sport

www.cornelsen.de/webcodes ATOI-1A-72

51|1

1 **Écoute le dialogue.** | **Laurine hat ihre Sporttasche zu Hause vergessen. Sie ruft ihren Bruder Maxime an, der eine Stunde später Unterricht hat. Er soll die Sporttasche mitbringen. Aber wo ist er? Hör dir das Gespräch an. Dann hör es noch einmal und sprich leise mit.**

2/33

52|2

2 **Écoute, lis et répète.** | **Hör zu und lies mit. Da, wo eine Lücke steht, sprichst du nach.**

Wo ist meine Spielkonsole?

Robert: Où est ma console?
Père: Je ne sais pas. [——], sur ton bureau.
Robert: Sur le bureau, [——].
Père: Alors, [——].
Robert: Ah, [——]. Merci!

Hier lernst du
- zu sagen, wo sich etwas befindet,
- jemanden aufzufordern, etwas zu tun.

3 DELF

À vous de jouer. | **Spielt zu zweit. B ruft A an und schickt ihn/sie durch die Wohnung auf der Suche nach der Sporttasche oder dem Französischbuch, die/das B heute dringend braucht.**

A: *(Dring ... Dring ...)* Allô.

B: Papa (Maman / ___), c'est moi.
Écoute, je n'ai pas mon sac de sport (mon livre de français / ___).

A: ___, tu m'énerves! ... O.K., j'écoute.
Où est ton sac de sport (ton livre / ___)?

B: Je ne sais pas. Regarde dans ma chambre, s'il te plaît.

À côté	du lit.
	du bureau.
	de la porte.
	de l'armoire.
	des CD.

A: Alors, à côté

du lit	il y a	des boîtes.
du bureau		des livres.
de la porte		des DVD.
de l'armoire		une chaise.
des CD		ton chat.

B: Zut! Écoute (Papa/ ___), regarde

sous mon lit,	s'il te plaît.
dans le couloir,	
à côté des toilettes,	
derrière la porte,	
à gauche de l'étagère,	

A: Ah, voilà ton sac de sport (ton livre / ___)!
Alors, à plus devant le collège.

B: Tu es super sympa! Merci. À plus!

Hier lernst du
– deine Wohnung zu beschreiben.

Où sont mes clés?

2 34

1 Écoute. | Hör dir den Text zweimal an. Beim zweiten Mal sprichst du leise mit.

1 Dans la cuisine

2 Dans le salon

Finde heraus, wie man diese Tasse ohne Henkel nennt, aus der man in Frankreich häufig Kakao, Kaffee oder Tee trinkt.

3 Dans la chambre des garçons

4 Devant la porte de la salle de bains

5 Devant la porte de l'appartement

Lire et comprendre | Lesen und verstehen

2 a Schau dir die Bilder an und überfliege den Text. Worum geht es hier?

//● DELF ▶ 53|1

b Réponds aux questions. | Lies den Text und beantworte die Fragen.

C'est / Ce sont ___.

1. Qui est dans la cuisine?
2. Qui est dans son lit?
3. Qui cherche son sac de sport?
4. Qui cherche son navigo?
5. Qui est dans la salle de bains?
6. Qui cherche ses clés?

Beim **Überfliegen** eines Textes achtest du zunächst auf Überschriften und Bilder. Sie geben dir Informationen über den Inhalt. Achte dann beim Lesen auf die Wörter, die du verstehst und die dir wichtige Hinweise zum Inhalt geben könnten **(Schlüsselwörter).** Welche Schlüsselwörter findest du im Text, S. 74?

//○ ▶ p. 93

Répéter | Nachsprechen

2 35 ▶ 53|2

3 a Écoute et répète. | Hör zu und sprich nach. Im Französischen gibt es mehrere Möglichkeiten, den Buchstaben „g“ auszusprechen.

[ʒ]	le collège tu ranges nous mangeons	[g]	Regardez. le navigo Gustave

g vor **i** und **e** sprichst du [ʒ] wie in Garage.
g vor **a**, **o** und **u** sprichst du [g] wie in Garage.

2 36

b Übe diesen Zungenbrecher. Wer spricht ihn am schnellsten richtig aus?

La girafe Georges et la girafe Gustave mangent des mangas.

Vocabulaire | Wortschatz

○ ▶ 53|3

4 a Retrouve les mots. | Finde die Wörter wieder und schreibe sie mit dem bestimmten Artikel (*le*, *la*, *l'*) auf.

COULOIRCHAMBRESALLEDEBAINSAPPARTEMENTCUISINESALON

●

b À toi! | Erstelle selbst eine Wortschlange für deinen Nachbarn / deine Nachbarin. ▶ Liste des mots, p. 130

2 37

5 Où est Maxime? | Hör dir die Geräusche an und sage, wo Maxime ist.

Maxime est dans la salle de bains.

Apprendre à apprendre: le vocabulaire | Vokabeln lernen

6 **So kannst du dir Vokabeln besser merken (3)** ▶ Méthodes, p. 97

C 56|10

a Welche Methoden kennst du schon?
Hier lernst du eine weitere Methode kennen: Schreibe die Vokabeln, die du dir merken willst, auf Klebezettel. Bringe die Zettel an verschiedenen Stellen in deinem Zimmer oder auch in eurer Wohnung so an, dass du sie häufig siehst. Auf diese Weise prägst du dir die Wörter gut ein.

b À toi! | In dieser Unité funktioniert das besonders gut! Fertige acht Klebezettel mit Vokabeln an, die du in deinem Zimmer anbringen kannst.

Découvrir | Entdecken

7 a **Schau dir die Beispiele an. Wann verwendest du *de la*, *du*, *de l'* und *des*?**

Le chat est ...

... à côté **de la** porte.

... à gauche **du** bureau.

... à droite **de** l'armoire.

... à côté **des** livres.

b **Wofür stehen *du* und *des*? Ergänze die Regel im blauen Kasten. Schreibe sie in dein Heft.**

du steht für *de* + ?
des steht für *de* + ?

S'entraîner | Trainieren

8 Qu'est-ce qu'il y a à côté? | Schreibe auf, was sich wo befindet. ▶ Repères, p. 79/2

à côté	du ___
	de la ___
	de l'___
	des ___

À côté de la chaise, il y a un miroir. À côté du miroir, il y a ...

//O ▶ p. 94

Écouter | Hören

2 38

DELF

54|4

9 Écoute et complète le plan. | Laurine beschreibt ihre Wohnung. Übertrage den Wohnungsgrundriss in dein Heft. Hör zu und trage die Zimmer ein.

1 la chambre des garçons
2 la cuisine
3 la chambre des parents
4 la chambre des filles
5 la salle de bains
6 le salon

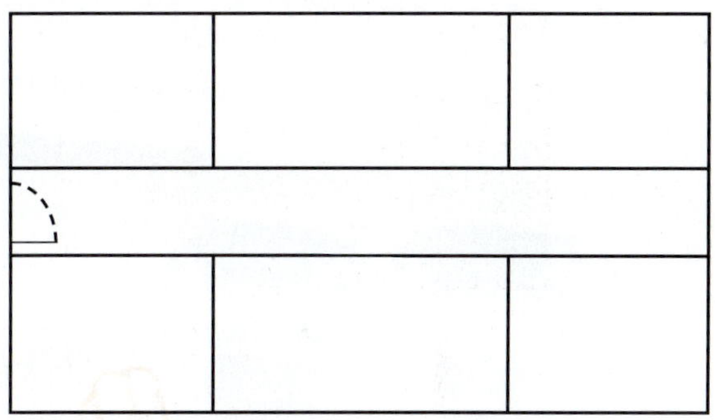

À toi: Présente ta chambre ou ton appartement

10 Réponds. | Antworte auf diese E-Mail von einem Brieffreund aus Frankreich. ▶ Banque de mots, p. 134

PF

Salut! Ça va? Moi, ça va. Nous habitons maintenant dans un appartement dans le quartier de la Villette à Paris. C'est super! Mon collège est à côté. J'ai une chambre avec mon frère. À gauche de la porte, il y a mon armoire. Et derrière l'armoire, il y a mon lit et mon bureau. Sous mon bureau, il y a la cage* de Rasputin.
C'est mon cochon d'Inde.
Et toi? Tu as une chambre?
Elle est comment?

@+ Victor

* **la cage** der Käfig

Überprüfe, ob du das jetzt kannst:
- Nenne drei Gegenstände und beschreibe, wo sie sich in deinem Zimmer befinden.
- Sage, wo sich bei dir zu Hause die Küche befindet.

Un bureau au top!

Tu cherches désespérément ta console?*
Tu ne trouves pas tes mangas?
Pas de panique!
Voilà la solution pour ranger ta chambre!

range-revues
8,95 €/2 pcs
Coton, carton.
Rouge foncé

lampe de table
3,50 €

table 19 €
Pour ordinateur portable.
L 60 x P 50, H 51–81 cm.
Rouge

rangement accessoires bureau
9,90 €
Polyuréthane. L 32 x P 10,
H 20 cm. Noir

2 sacs pour câbles
9,90 €
Polyester, polyuréthane

pêle-mêle 7 photos
7,99 €
Plastique acrylique.
Pour photos 10 x 15 cm.
L 13 x H 113 cm. Noir

* **désespérément** verzweifelt

Médiation | Sprachmittlung

1 Was ist die Botschaft dieser Seite (oben)? Erkläre sie einem Freund / einer Freundin, der/die kein Französisch versteht.

Du musst nicht jedes Wort kennen, um einen Text zu verstehen. Achte zuerst auf die Gestalt des Textes. Gibt es eine Überschrift oder Bilder? Was ist das hier für ein Text? Woran erkennst du das?

2 Findet alle Wörter, die ihr kennt oder erschließen könnt. Schreibt sie mit ihrer deutschen Bedeutung in die Tabelle. Erklärt, warum ihr sie versteht. ▶ Méthodes, p. 102

Französisches Wort	Bedeutung im Deutschen	Wieso kann ich es verstehen?
la table	der Tisch	englisch: the table

Das kannst du jetzt sagen

1

So sprichst du über dein Zimmer:

Dans ma chambre, il y a (deux lits).
Sous (l'armoire), il y a (une boîte).
(Mon lecteur mp3) est sur (le lit).
Je suis souvent devant (le miroir).
(Le VTT) est derrière (la porte).

So sagst du jemandem, was er tun soll:

Range (ta chambre). Écoutez.
Mange (ta tartine). Regardez (sous le lit).

So sprichst du über deine Wohnung:

(Ma chambre) est à gauche de (la cuisine).
(La salle de bains) est à droite de (ma chambre).
Là, à côté du salon, il y a (la salle de bains).

So fragst du, wo jemand/etwas ist:

Je n'ai pas (mon sac de sport).
Où est (ton sac de sport)?
Où sont (Maxime et Laurine)?
Qui est dans (la salle de bains)?

Diese Grammatik benötigst du dazu

2

À côté **du** bureau, il y a mon sac de sport.
Regardez à côté **des** toilettes.

→ **Der zusammengezogene Artikel mit der Präposition *de***

Singular (Einzahl)

♂		♀
à côté **du** lit	**du** / **de la** / **de l'**	à côté **de la** boîte
à côté **de** l'ordinateur		à côté **de** l'armoire

Plural (Mehrzahl)

♂		♀
la chambre **des** garçons	**des**	la chambre **des** filles

~~de + le~~ = **du**   de + la = de la   de + l' = de l'   ~~de + les~~ = **des**

3

Regarde dans ma chambre.
Regardez dans le salon, s'il vous plaît.

→ **Der Imperativ**

à gauche à droite	du ___ de la ___ de l' ___ des ___

1 **Où sont Flûte et Zut? | Wo sind Flûte und Zut?**
Verwende *à gauche de* **und** *à droite de*. ▶ Repères, p. 79/2

55|5 55|6

Flûte est à gauche de la porte. Zut est ? .

1

2

3

4

5

6

2 a **Regarde le dessin et complète. | Schau dir das Bild an und sage, wo sich die Dinge befinden. Ergänze die Sätze.** ▶ Repères, p. 79/2

Exemple: Les livres sont à coté de la boite.

1. Les livres sont ? **boîte**. 2. Le lecteur mp3 est ? **ordinateur**. 3. ? **bureau**, il y a un VTT.
4. Le chat est ? **lit**. 5. La chaise est ? **bureau**. 6. Le poster est ? **mur**.

b **À toi! Continue. | Bilde weitere Sätze wie in a.**

3 **Traduis. | Übersetze.**
unter dem Bett, auf dem Schrank, rechts vom Computer, links von der Tür, neben den Büchern, in der Nähe vom Regal, neben dem Schreibtisch, links von der Küche ▶ Repères, p. 79/2

4 **Zeichnet gemeinsam ein möbliertes Zimmer von oben. Nehmt dann eine kleine Münze. A legt sie „im Zimmer“ ab. B sagt, wo sich die Münze befindet. Wechselt euch ab.**

Où est le pion*?

Il est ___.

Weitere Übungen dazu

im Buch: S. 77/8

im Carnet: S. 50/5, 54/5

* **le pion** die Spielfigur

5 a **Quelle phrase va avec quelle image? | Ordne folgende Sätze den Beispielen 1–4 auf Seite 79/3 zu. Worauf musst du achten?**

A. Lass uns eine DVD schauen.
B. Seht euch die Küche an!
C. Schau dir bloß dein Zimmer an!
D. Schauen Sie, das ist mein Zimmer.

b **Vergleicht eure Ergebnisse gemeinsam.**

c **Traduis. | Übersetze.**

Wie sagst du: „Beeil dich!“?

1. Iss dein Croissant!
2. Lass uns nach Hause gehen.
3. Hör zu!
4. Arbeite!
5. Lass uns Französisch sprechen.
6. Sprich lauter!

2
39

55|7

6 a **Ihr hört verschiedene Aufforderungen. Führt die entsprechende Bewegung nur dann aus, wenn vor der Aufforderung** *Jacques a dit** **gesagt wird.** ▶ **Repères, p. 79/3**

* **Jacques a dit** [ʒakadi] Jacques hat gesagt (französisches Spiel)

b **Continuez. | Eine/r gibt Anweisungen, die anderen reagieren.**

7 a **Sieh dir die Formen von** *manger* **an. Es gibt eine Besonderheit. Welche? Kannst du sie dir erklären?**

– je mange – tu manges – il/elle/on mange

– nous mangeons – vous mangez – ils/elles mangent

b **Das Verb** *ranger* **(aufräumen) wird genauso wie** *manger* **konjugiert. Schlage das Buch zu und schreibe die Formen von** *ranger* **auf.**

c **Tauscht eure Blätter. Korrigiert euch gegenseitig.**

1 a Écoute et répète. | Hör zu und sprich den Zungenbrecher nach. (2/40)

As-tu été à Tahiti?

Warst du in Tahiti?

Ta Katie t'y a quitté.

Dort hat dich deine Katie verlassen.

b Sprecht den Zungenbrecher zu zweit mehrmals hintereinander. A sagt die erste Zeile, B die zweite. Versucht euer Tempo zu steigern.

2 a Expliquez. | Seht euch die *calligrammes* an und erklärt euch gegenseitig, was ein *calligramme* ist.

b Wie kann ein *calligramme* gestaltet sein? Welche Möglichkeiten gibt es?

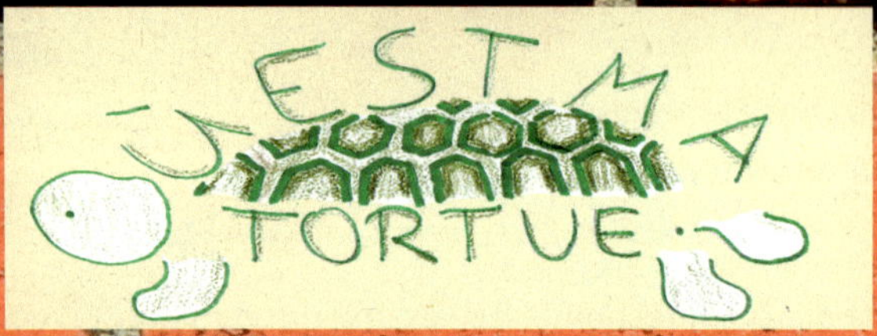

c À toi! Fais un *calligramme*. | Gestalte selbst ein oder mehrere *calligrammes*. Stellt eure Ergebnisse in der Klasse aus.

Veranstaltet eine Mini-Ausstellung. Hängt alle *calligrammes* im Klassenzimmer auf. Geht zu dem *calligramme*, das euch gefällt. Sagt, warum.

Ce calligramme me plaît. Je trouve que c'est
Dieses Calligramme gefällt mir. Ich finde es

- beau. schön.
- bien fait. gut gemacht.
- bien dessiné. gut gezeichnet.
- drôle. witzig.
- intéressant. interessant.
- une bonne idée. eine gute Idee.

3 Énigme: Où dort Monsieur Dupont? | Rätsel: Wo schläft Monsieur Dupont?

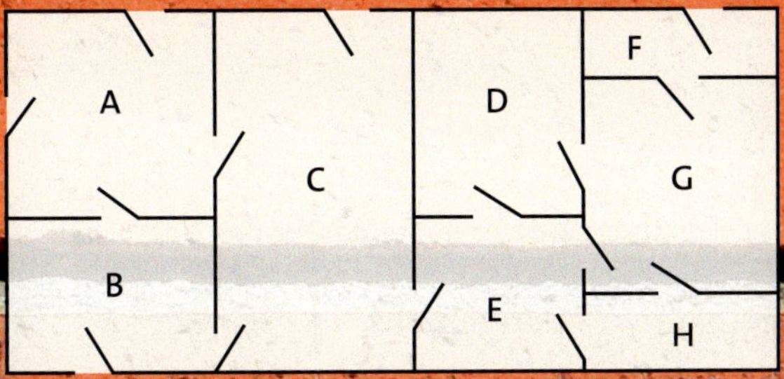

Monsieur Dupont entre dans sa maison[1]. Il fait le tour[2] de toutes les pièces[3]. Il passe par toutes les portes et il ferme les portes à clé[4]. Monsieur Dupont ne passe jamais deux fois[5] par la même[6] porte. Où dort Monsieur Dupont?

1 **entrer dans sa maison** in sein Haus gehen
2 **il fait le tour** er macht die Runde
3 **toutes les pièces** alle Zimmer
4 **fermer qc à clé** etwas abschließen
5 **ne … jamais deux fois** niemals zweimal
6 **le/la même** der/die gleiche

4 a Écoute et lis. | Hör zu und lies mit.

2 41

À Paris, il y a une rue
Dans la rue, il y a une maison[1]
Dans la maison, il y a une chambre
Dans la chambre, il y a une table
Sur la table, il y a une nappe[2]
Sur la nappe, il y a une cage[3]
Dans la cage, il y a un nid[4]
Dans le nid, il y a un œuf[5]
Dans l'œuf, il y a un tout petit canari.

D'après: Paul Éluard

1 **la maison** das Haus
2 **la nappe** das Tischtuch
3 **la cage** der Käfig
4 **le nid** das Nest
5 **l'œuf** *m.* das Ei

b Gestalte ein Bild oder eine Bildgeschichte zu diesem Gedicht.

c À toi! Écris ton poème. | Schreibe nun ein Gedicht nach dem gleichen Muster.

Du kannst so beginnen:
En Allemagne / …
À Gelsenkirchen / Sarrebruck / …
Dans mon collège / …

Hier kannst du die Vokabeln und die Grammatik wiederholen, die du in den Unités 4–5 gelernt hast.
Das Arbeitsblatt zu den Révisions 2 findest du unter www.cornelsen.de/webcodes ATOI-1A-84.

Vocabulaire | Wortschatz

1 a Classe les mots. | Erstelle eine Tabelle und schreibe die Wörter in die passenden Spalten.

la cuisine · le chien · le frère · l'armoire · ranger · les parents
la salle de bains · le cochon d'Inde · le grand-père · la perruche
la chambre · le chat · la mère · la fille · le bureau · les clés

la famille	*les animaux*	*l'appartement*
le grand-père	*le chien*	*la cuisine*

b Complète. | Ergänze die Sätze mit passenden Wörtern von a.

1. Mon oncle a une ?. C'est ma cousine Pauline.
2. La ? de mon grand-père chante même la nuit. Elle s'appelle Kiwi.
3. Ma mère cherche les ? de l'appartement. Comme toujours!
4. Je range mon ?.
5. Dans la ?, je mange des tartines.

c À vous! | Schreibt weitere Wörter, die in die Tabelle von a passen, auf ein Blatt. Tauscht dann eure Blätter aus und tragt die Wörter in die passenden Spalten ein.

2 a Qu'est-ce qu'il y a sur les dessins? | Was siehst du auf den Bildern? Sammle alle Wörter, die du kennst. Schreibe sie in dein Heft. Schreibe alle Nomen mit dem bestimmten Artikel auf.

1

2

3

b Décris les dessins. | Beschreibe nun die Bilder mit den Wörtern von a.

Dans la cuisine, il y a un/une/des ___. À côté de la ___, il y a ___.

3 **Qu'est-ce qu'on dit? | Wie sagt man es auf Französisch? Ergänze die fehlenden Wörter und schreibe die passenden Paare in dein Heft.**

1. Ich frage, wie jemand heißt.
2. Ich sage, dass etwas furchtbar ist.
3. Ich frage, wo meine Sporttasche ist.
4. Ich frage, wie alt jemand ist.
5. Ich sage, dass ich es nicht weiß.

A Où est mon ? ?
B Elle ? quel âge?
C Je ne ? pas.
D Il s'appelle ? ?
E C'est l' ? .

Grammaire | Grammatik

4 a **Complète. | Ergänze die Sätze mit der passenden Verbform. Schreibe sie in dein Heft.**
▶ Repères, p. 21/2; 59/3

1. Marie et Laurine ? *(être)* devant l'ordinateur.
2. Elle ? *(avoir)* treize ans.
3. Le lecteur mp3 de Laurine ? *(être)* sur son bureau.
4. Nicolas et Océane ? *(avoir)* cours.
5. Monique et Tonio ? *(être)* les grands-parents de Nicolas.

b **Complète. | Ergänze die Sätze mit der passenden Verbform von *avoir* oder *être*.**

1. Tu ? quel âge?
2. Nous ? trois chiens et deux chats.
3. Je ? de Berlin, mais j'habite à Paris.
4. Vous ? la prof de sport?
5. Laurine et Marie ? cinq copines.

5 a **Océane se présente. Complète. | Océane stellt sich vor. Ergänze die Sätze in deinem Heft.**

Moi, ? Océane.
J' ? 14 ans.
Je ? en cinquième B.
J' ? à Levallois avec ? parents et ? frère, Nicolas. Il ? 12 ans.
? mère ? dans une librairie. ? père ? prof de sport.
Nous ? un chien. Il ? Confetti.
? copines, ce ? Anissa, Laurine et Marie.
? copain, c' ? Mehdi.

b **À toi! | Stelle dich vor. Schreibe mindestens so viele Sätze wie Océane in dein Heft.**

Les magasins

1

une boulangerie

2

un croissant

3

un pain au chocolat

4

une brioche

5

une baguette

6

un bureau de tabac

7

un journal

8

des magazines

9

des chewing-gums

10

une carte postale

11

un timbre

2 42 **1** Écoute. | Hör zu. Wo kann man diese Durchsage hören?

1 im Café — **2** im Supermarkt — **3** in der Bäckerei

2 43 **2** Où est Mehdi? Qu'est-ce qu'il achète? | Hör zu. Wo ist Mehdi und was kauft er? //○ ▶ p. 94

//● **3** Ça fait combien? | Wie viel macht das? Schreibt zu zweit ein Einkaufsgespräch und spielt es vor.

61|3

A

Bonjour madame/monsieur!

B

Bonjour!

A

Je voudrais un croissant/deux timbres/___.

B

Et avec ça?

A

Merci, c'est tout. Ça fait combien?

B

Alors, ça fait ___ euro(s)/___ centime(s).

A

Merci. Au revoir, madame/monsieur.

B

Au revoir.

À table

2 | 44

In Frankreich isst man abends meist etwas Warmes. Wie ist es bei euch?

2 | 44 **1** Écoute et répète. | Hör zu und sprich nach.

2 Jouez une scène à table. | Spielt eine Szene beim Abendessen. ▶ Banque de mots, p. 137

C 62|1

3 a Un texto de qui? | Von wem stammt die SMS, die Mehdi erhält? Und was bedeutet sie?

PF b Réponds à la place de Mehdi. | Schreibe eine Antwort für Mehdi.

C 62|3

Écrire un texto / Eine SMS schreiben

7h = *(à) sept heures* (Um sieben Uhr.)
@+ = *À plus!* (Bis gleich!)
bjr = *Bonjour!*
Biz = *bises* (Küsschen)
c5mpa = *C'est sympa!*
ché = *chez*
6né = *(le) cinéma* (das Kino)
dak = *D'accord.*
Gltps = J'ai le temps. (Ich habe Zeit.)
Gpaltps = *Je n'ai pas le temps.* (Ich habe keine Zeit.)
Jet'M = *Je t'aime.* (Ich liebe dich.)
moa = *moi*
rdv = *(le) rendez-vous* (das Treffen)
slt = *Salut!*

Unité 2

Seite 19

6 a **Voilà les élèves de la 5e A et de la 5e B. | Partner B: Frage Partner A nach folgenden Schülern:**

B: Anissa est en cinquième A?
A: Non, elle est en cinquième B.

B: Léo est en cinquième A?
A: Oui.

1 Anissa	2 Léo	3 Océane et Thomas
4 Hugo et Tarek	5 Lila et Sara	6 Maxime et David
7 Lin	8 Kevin	

♂ ▸ il est
♀ ▸ elle est
♂ et ♂ ▸ ils sont
♀ et ♂ ▸ ils sont
♀ et ♀ ▸ elles sont

b **Beantworte nun die Fragen von Partner A mit Hilfe der Bilder.**

A: Sophie est en cinquième B?
B: Non, elle est en cinquième A.

Unité 3

Seite 36

6 a **Ils habitent où? | Partner B: In einem deutsch-französischen Blog stellen sich Jugendliche vor. Beantworte zuerst die Fragen von Partner A mit folgenden Städten:**

A: Marie habite à Levallois. C'est où?
B: C'est près de Paris.

1. Paris 2. Kempten 3. Berlin 4. Lyon 5. Rennes

b **Nun willst du wissen, wo folgende Jugendliche wohnen. Frage Partner A.**

6. Johanna / Sanary
7. Laura / Neuss
8. Philippe / Bellac
9. Farid / Bautzen
10. Sandra / Recklinghausen

c **Findet die französischen Orte aus a und b auf der Frankreichkarte vorne in eurem Buch.**

Unité 4

Seite 57

11 a Partner A sieht einen Steckbrief von Laurine. Stelle Partner A folgende Fragen und schreibe die Antworten in Stichpunkten in dein Heft.

Elle a quel âge? | Elle habite où? | Elle a un animal? | Sa copine, c'est qui? | Elle a des frères et sœurs? | Ils/Elles s'appellent comment? | Elle est en cinquième?

b Mehdi stellt sich in diesem Steckbrief vor. Beantworte die Fragen von Partner A.

nom:	Mehdi
classe:	quatrième A
âge:	quinze ans
sœur:	Anissa
adresse:	7, rue Victor Hugo à Levallois
copine:	Océane
animal:	un chien

c Tauscht eure Ergebnisse aus und korrigiert euch gegenseitig.

Unité 5

Seite 71

8 a Où est le poster de Robin? | Wo ist Robins Poster? Frage Partner A, wo sich die folgenden Gegenstände befinden.

le poster | les mangas | la boîte | les photos | les cochons d'Inde | le VTT

B: Où est le poster de Robin?
A: Sur l'étagère, à gauche.

b Beantworte nun die Fragen von Partner A.

Où est ___? / Où sont ___?
sous | sur
devant | derrière
dans | entre
à gauche | à droite

Unité 2

Seite 16

2 //○ **À vous. Jouez le dialogue à deux. | Arbeitet zu zweit. Bereitet Dialoge vor und spielt sie.**

1. – **Le garçon**, c'est qui?
   – C'est Thomas. **Il** est dans la classe de Maxime.

2. – **La fille**, c'est qui?
   – C'est Océane. **Elle** est ___.

1
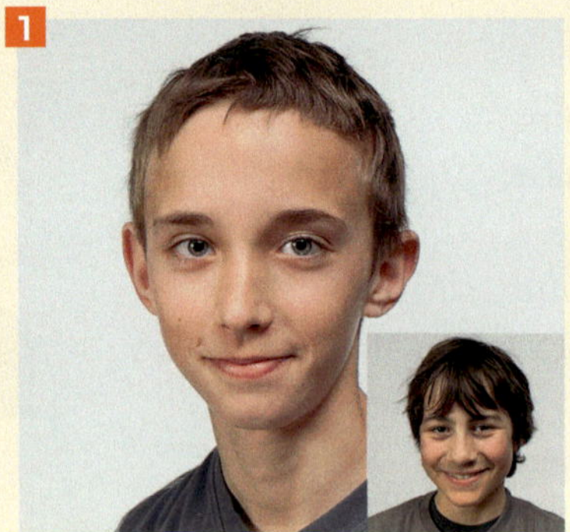
le garçon – Thomas – classe de Maxime

2

la fille – Océane – classe de Maxime

3

la fille – Marie – classe de Laurine

4

le garçon – Nicolas – classe de Laurine

5

la fille – Anissa – classe de Thomas

le garçon → **il**
la fille → **elle**

Seite 18

1 //○ **Note. | Lies den Text, S. 17. Welche Mindmap passt zu welcher Person?**

Anissa	Thomas	Maxime	Marie	Laurine	Robin

1
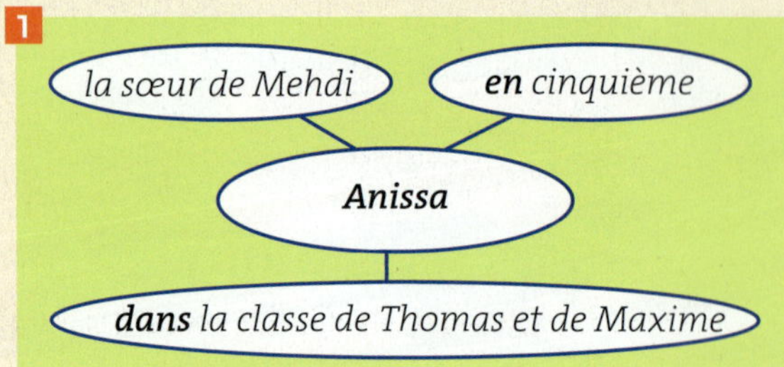

2
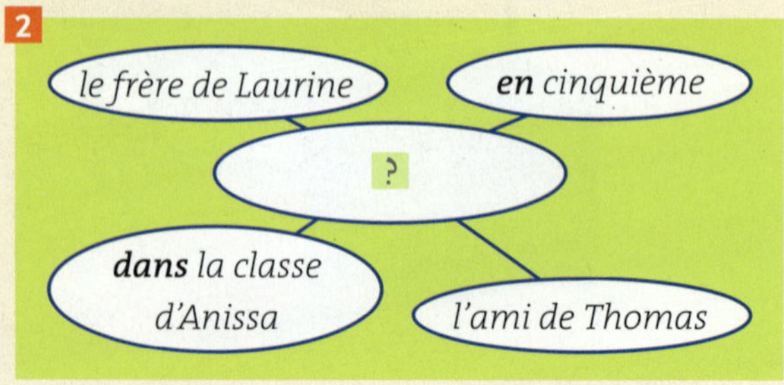

3
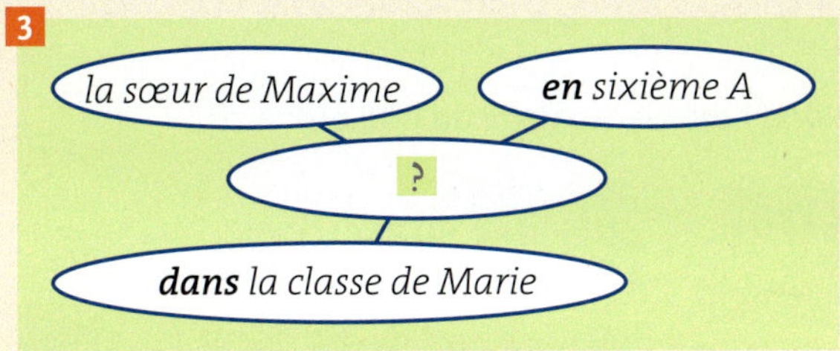

4
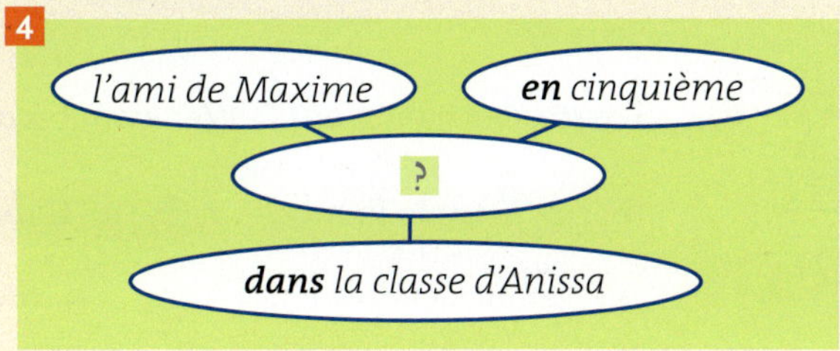

5
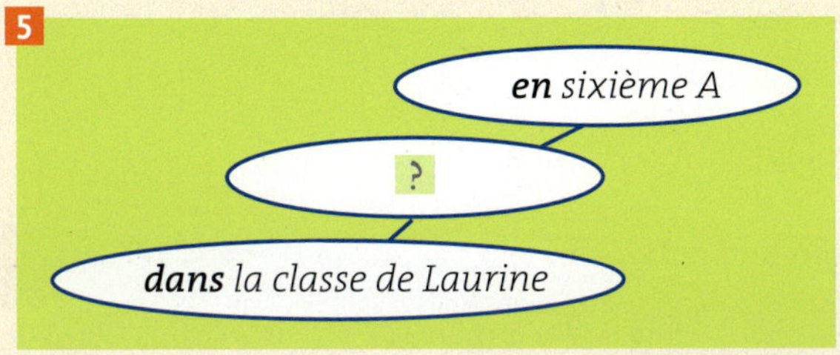

6

Seite 19

7 **Écoute et réponds. | Hör zu und antworte.**

1/18 //○

– Super! / Ça va. / Bof!
– Je m'appelle ___. / Moi, c'est ___.
– Je suis en sixième ___. / cinquième ___.
– Je suis dans la classe de ___.
– Je suis l'ami/e de ___.
– Au revoir! / Salut!

Seite 19

8 **Tipps für das Rollenspiel:**

//○

1. Denkt euch eine Szene aus.
2. Wählt eure oder andere Namen.
3. Schreibt den Text. Nehmt den Text S. 17 zu Hilfe.
4. Verteilt die Rollen und lernt euren Text.
5. Überlegt, was ihr anzieht. Braucht ihr auch Gegenstände?
6. Bewegt euch beim Spiel: Wie begrüßt ihr euch, z. B. mit *la bise*?

Unité 3

Seite 30

5 a **Retrouve les mots. | Findet die Wörter wieder. Schreibe sie mit dem unbestimmten Artikel auf.**

//●

b **À toi! | Schreibe fünf Nomen verschüttelt auf. Dein Nachbar / Deine Nachbarin liest sie richtig und nennt sie mit dem unbestimmten Artikel (*un*, *une*, *des*).** ▶ **Liste des mots, p. 112**

Seite 37

8 Écoute. Qui habite où? | Wer wohnt wo? Hör dir die vier Dialoge an und ordne zu.

1/42 DELF

6, rue Anatole France — 8, rue Gabriel Péri — 4, avenue Georges Pompidou — 3, rue du Parc

1 Lola — 2 Anna — 3 Max — 4 Tom

Überlege **vor dem Hören**, was du wissen willst: hier die Namen und die Adressen. Achte beim Hören nur auf diese Informationen.
▶ Méthodes, p. 97

Seite 37

9 a Trouve des réponses. | Formuliere die Fragen und antworte.

1. Tu habites où?
2. Tu es de ___ *(Ort)*?
3. ___ *(Ort)*, c'est où?
4. Il y a un/une ___ *(Geschäft)* dans le quartier?
5. Il y a un cinéma à ___ *(Ort)*?
6. Qu'est-ce que tu cherches?

b Stellt euch nun gegenseitig die Fragen von a und antwortet darauf.

c Jouez les dialogues. | Lernt mindestens drei Minidialoge von a auswendig und tragt sie vor. Ihr könnt sie für das Rollenspiel in der Aufgabe 10 (S. 37) verwenden.

Unité 4

Seite 53

1 a Suche dir einen der drei Texte auf S. 52 aus und löse die dazugehörige Aufgabe.

DELF 39|1

1 Nicolas

Vrai ou faux? | Korrigiere die falschen Aussagen.

1. Nicolas habite 12, rue de l'Europe.
2. Il a treize ans.
3. Le père de Nicolas est prof de sport.
4. La sœur de Nicolas a quinze ans.
5. L'oncle de Nicolas parle bien allemand.

2 Robin

C'est qui? | Wer ist das?

1. Il est en sixième B.
2. Elle habite à Marseille.
3. C'est une perruche.
4. Il a douze ans et il habite avec son père.
5. Il est sympa et c'est le copain de Zut.

3 Marie

Was erfährst du über sie? Fertige eine Mindmap auf Französisch an.

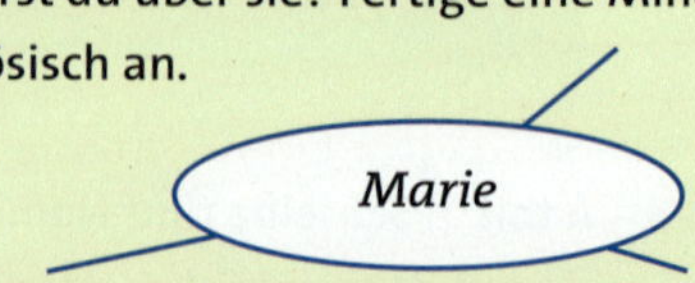

b Sucht euch jemanden, der den gleichen Text bearbeitet hat. Vergleicht eure Ergebnisse.

c Stellt nun „eure" Person der Klasse vor.

Seite 54

3 c **Was passt zusammen? Überlege erst, ob diese Nomen männlich oder weiblich sind. Dann schreibe die passenden Paare in dein Heft.**

	famille		quartier
	frère		collège
mon	âge	**mon**	copain
ma	adresse	**ma**	copine
mes	parents	**mes**	chien
	cousines		navigo
	animaux		club de foot

Vor Nomen, die mit einem Vokal oder *stummem h* beginnen, verwendest du im Singular immer *mon*, z. B.
mon ami *mon amie*

Seite 60

2 a **Complète.** | **Hier werden Tom und Lola vorgestellt. Ergänze.** ▶ **Repères, p. 59/2**

Tom habite à Kempten avec
? père,
? mère,
? sœur et
? grands-parents.
? âge: 13 ans.

Lola habite à Paris avec
? père,
? mère,
? sœur et
? grands-parents.
? âge: 12 ans.

b **Übersetze die Sätze von a. Was ist anders als im Deutschen?**

Unité 5

Seite 75

2 b **Réponds aux questions.** | **Lies den Text, S. 74, und finde die richtige Antwort zu jeder Frage.**

DELF

1. Qui est dans la cuisine?
2. Qui est dans son lit?
3. Qui cherche son sac de sport?
4. Qui cherche son navigo?
5. Qui est dans la salle de bains?
6. Qui cherche ses clés?

A C'est Maxime.

B C'est Madame Fournier.

C C'est Théo.

D Ce sont Monsieur et Madame Fournier avec Théo et Camille.

E C'est Laurine. (2x)

Seite 77

8 Qu'est-ce qu'il y a à côté? | Schreibe auf, was sich wo befindet. ▶ Repères, p. 79/2

À côté **de la chaise**, il y a **un miroir**. À côté **du miroir**, il y a ...

à côté	du ___
	de la ___
	de l'___
	des ___

Module D

Seite 86

2 Où est Mehdi? Qu'est-ce qu'il achète? | Hör zu. Wo ist Mehdi und was kauft er?

2 43 //○ DELF

Apprendre le vocabulaire | Vokabeln lernen

Für das Lernen von Vokabeln gibt es viele Strategien. Probiere die aus, die dir am meisten zusagen.
Mehr Spaß macht das Vokabellernen mit **einem Lernpartner / einer Lernpartnerin**. Lernt zusammen und kontrolliert euch gegenseitig!
Lerne **regelmäßig** Vokabeln. Durch regelmäßiges Wiederholen wandern die gelernten Wörter in dein Langzeitgedächtnis.

Apprendre avec la liste des mots | Mit der Liste des mots lernen

Verwende die Schablone aus deinem Carnet (im Arbeitsheft auf S. 78, um mit der *Liste des mots* (Wortliste, S. 112–137) zu lernen.
Neue Wörter (ca. 10–15 Wörter auf einmal) übst du eine Woche lang täglich. Danach wiederholst du die Wörter einmal pro Woche.

Probiere es gleich aus:

Dein Lernpartner / Deine Lernpartnerin hört dich nach einer Woche ab.

Apprendre avec des fiches de vocabulaire | Mit Karteikarten lernen (Unité 3)

Neue Wörter merkst du dir leichter, wenn du sie aufschreibst, z. B. auf Karteikarten.
So gehst du vor:

1. Schreibe auf die eine Seite der Karteikarte die französische Vokabel und dazu einen französischen Beispielsatz. Beispielsätze findest du in der rechten Spalte der *Liste des mots*, p. 112.
2. Auf die andere Seite schreibst du die deutsche Übersetzung der Vokabel. Du kannst auch ein Bild malen.
3. Wähle 10–15 Karten aus. Lies zuerst das französische Wort laut. Nenne dann die deutsche Bedeutung. Drehe die Karte um und kontrolliere anhand der Rückseite. Wenn du alle Wörter geübt hast, geht es mit dem nächsten Schritt weiter.
4. Du liest die deutsche Bedeutung und sagst das französische Wort dazu laut. Dann drehst du die Karteikarte um und kontrollierst. Als Letztes liest du den französischen Satz laut.

Probiere es gleich aus:

Lege zehn Karteikarten mit dem Wortschatz der Unité an, die ihr gerade behandelt.
Lerne zuerst die zehn Vokabeln auf deinen Karteikarten.
Tausche dann die Karteikarten mit deinem Lernpartner / deiner Lernpartnerin und lerne „seine"/„ihre" zehn Wörter. Danach hört ihr euch gegenseitig ab.

Trouver des paires de mots | Wortpaare bilden (Unité 3)

Überlege dir bei neuen Vokabeln, zu welchen Wörtern sie passen. Bilde dann Wortpaare. Schreibe diese Wörter auf eine Karteikarte und lerne sie zusammen:

monsieur – madame

un élève – un prof

aimer – adorer

une rue – une avenue

Probiere es gleich aus:

1 Bilde Wortpaare für die folgenden Wörter der Unité 4:
l'oncle – ?
la grand-mère – ?
la fille – ?
le père – ?
le cousin – ?

2 Bereite für deinen Lernpartner / deine Lernpartnerin fünf Wortpaare wie in der Übung 1 vor. Er/Sie findet die dazu passenden Wörter.

Faire un associogramme | Wörter in einer Mindmap ordnen (ab Unité 3)

Verwende Mindmaps, um den neuen Wortschatz einer Unité zu ordnen. Was du geordnet hast, merkst du dir besser.

la cinquième, la classe, la sixième

1. Du hast zum Thema *le collège* z. B. diese Wörter gefunden. Bestimme den Oberbegriff.

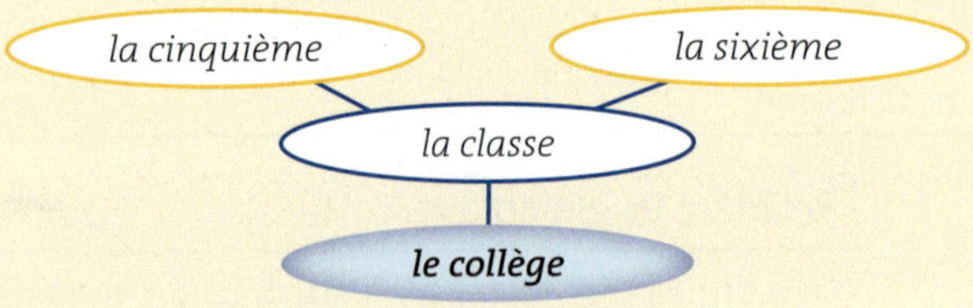

2. Schreibe das Thema *le collège* in die Mitte deines Blattes. Trage dann den Oberbegriff *la classe* und die Unterbegriffe *la cinquième* und *la sixième* ein.

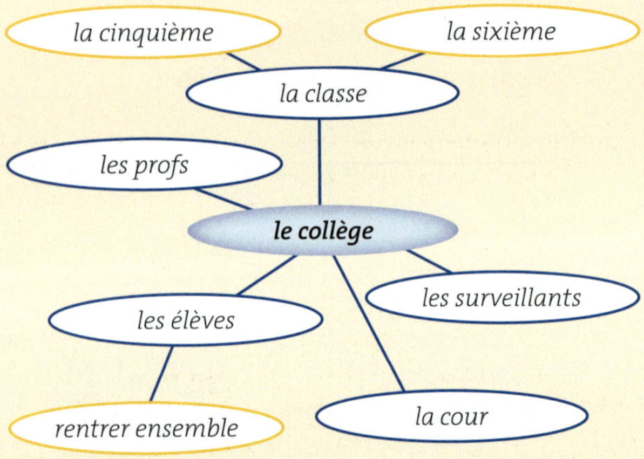

3. Fallen dir noch weitere Wörter ein, die zum Thema passen? Trage sie geordnet in deine Mindmap ein. Du kannst auch Bilder und Symbole verwenden.

Probiere es gleich aus:

Erstelle Mindmaps zu den Themen *Levallois* (Unité 3), *les animaux* (Unité 4), *les hobbys* (Module C). Sammle deine Mindmaps in deinem Lerntagebuch. Mindmaps erstellst du auch in der Unité 5: S. 70/4a.

Dessiner des mots-images | Wörter gestalten (Unité 4)

Wenn du gerne zeichnest, erfinde Wortbilder. Denke dir zu einem Wort eine kleine Zeichnung aus, die zur Bedeutung des Wortes passt.

Probiere es gleich aus:

Gestalte fünf Wortbilder. Hängt eure schönsten Wortbilder in eurem Klassenzimmer auf.

Prononcer les mots | Wörter aussprechen (Unité 4)

Sprich das Wort, das du dir einprägen willst, auf unterschiedliche Weise aus: Du kannst es singen, rufen, flüstern ... Probiere auch, das neue Wort laut vor dich hin zu sprechen und dabei an eine Situation zu denken, in der dieses Wort vorkommt.

Probiere es gleich aus:

Wähle mit deinem Lernpartner / deiner Lernpartnerin zehn Wörter aus. Sprecht sie euch abwechselnd auf unterschiedliche Weise vor.

Apprendre avec des mémos | Merkzettel anfertigen (Unité 5)

Schreibe Wörter, die du dir merken willst, auf kleine Klebezettel. Die Zettel klebst du dann an Stellen in deiner Wohnung, die du oft ansiehst.

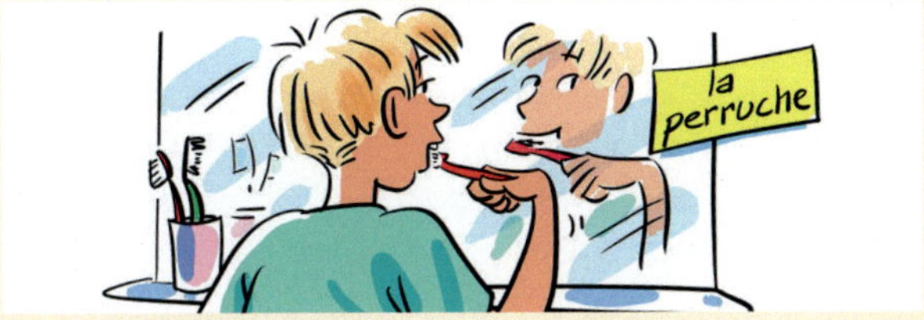

Das hast du bereits für die Gegenstände in deinem Zimmer (S. 76/6b) ausprobiert.

Probiere es gleich aus:

Suche in der *Liste des mots*, p. 112, sieben Wörter, die du dir schlecht merken kannst. Schreibe sie auf kleine Zettel und klebe sie gut sichtbar an verschiedene Stellen in deiner Wohnung. Prüfe nach einer Woche, ob du die Wörter nun kannst.

Inventer des exercices | Übungen erfinden (Unité 5)

Wenn du dir Übungen für andere ausdenkst, übst du dabei auch selbst. Hier eine Möglichkeit:

Wortschlangen

Verstecke Wörter, z. B. gebeugte Verben, in Wortschlangen. Dein Lernpartner / Deine Lernpartnerin muss die Formen finden und mit dem dazugehörigen Personalpronomen *(je, tu, il/elle/on, nous, vous, ils/elles)* aufschreiben.
Hier eine Wortschlange zum Verb *être*:

il/elle/on est – ils/elles sont – ____

Probiere es gleich aus:

Erstelle für deinen Lernpartner / deine Lernpartnerin eine Wortschlange zu einem dieser Verben: *être – avoir – manger.*

Écouter | Hören

Avant l'écoute | Vor dem Hören (ab Unité 3)

1. Die Aufgabenstellung lesen und verstehen

1. Zuerst liest du dir die Aufgabenstellung genau durch und stellst dich auf die beschriebene Situation ein. Du erfährst z. B., ob du ein Gespräch am Telefon, auf dem Markt oder in der Schule hören wirst. Neben einigen Aufgaben stehen Bilder. Sie liefern dir wichtige Informationen.
2. Oft musst du aus einem Hörtext nur bestimmte Informationen heraushören. Lies also die Aufgabenstellung ein zweites Mal gründlich durch und frage dich, was du erfahren sollst.
3. Schreibe Signalwörter auf, auf die du achten willst.

Probiere es gleich aus:

1 Schüler aus verschiedenen Städten sprechen über ihr Wohnviertel. Du sollst heraushören, wer in der Nähe des Fußballstadions wohnt. Überlege dir, auf welche Wörter du beim Hören besonders achten musst. Schreibe sie auf Französisch auf.

2 Vergleiche deine Wörter mit denen, die dein Lernpartner / deine Lernpartnerin aufgeschrieben hat. Besprecht eure Ergebnisse zu zweit.

2. Eine Tabelle vorbereiten

Bereite eine Tabelle vor, in die du während des Hörens die gesuchten Informationen einträgst. Du sollst z. B. herausfinden, wer wo wohnt. Dazu legst du dir eine Tabelle mit den Namen der Schüler/innen und einer weiteren Zeile für die Adresse an.

	Océane	*Maxime*	*Robin*	*Anissa*
adresse?	*3, rue du parc*			

Probiere es gleich aus:

Lies die folgende Aufgabenstellung und bereite eine Tabelle vor. Vergleiche im Anschluss deine Tabelle mit der deines Lernpartners / deiner Lernpartnerin:

1 Melda organisiert ein Frühstück. Fred, Louise und Paul besorgen Croissants, Brötchen und Baguette. Wer kauft was? Und wie viel? Was kostet es? Hör zu und schreibe mit.

Pendant l'écoute | Während des Hörens (ab Unité 3)

Ihr hört den Text immer mindestens zweimal. Beim ersten Mal hörst du nur zu. Setze dich möglichst entspannt hin und stelle dich darauf ein, einen französischen Text zu hören. Im Anschluss kannst du dir erste Notizen machen. Beim zweiten Hören achtest du ausschließlich auf die gesuchten Informationen und ergänzt deine Notizen.

1. Notizen machen

Du hast beim Hören wenig Zeit zum Schreiben. Du machst dir also nur kurze Notizen. Das heißt, du schreibst keine Sätze, sondern Stichwörter auf. Verwende Spiegelstriche und Doppelpunkte. Dadurch werden deine Notizen übersichtlicher.

– *nom: Julien*
– *âge: 14*

Probiere es gleich aus:

1 In der Übung S. 56/10a (Unité 4) sollst du auf Fragen, die du hörst, antworten. Hör dir zunächst nur die Fragen an und mache dir Notizen (Stichwörter).
2 Vergleicht eure Notizen zu den Fragen zu zweit. Habt ihr die gleichen Informationen mitgeschrieben? Ergänzt eure Notizen.
3 Anhand deiner Notizen bereitest du nun deine Antworten vor.

2. Abkürzungen verwenden

Du kannst beim Mitschreiben Zeit sparen, wenn du Abkürzungen verwendest. Überlege dir deine persönlichen Abkürzungen und Zeichen. Du kannst z. B. + und = verwenden. Statt *heures* schreibst du vielleicht *h*, für *et* notierst du +.

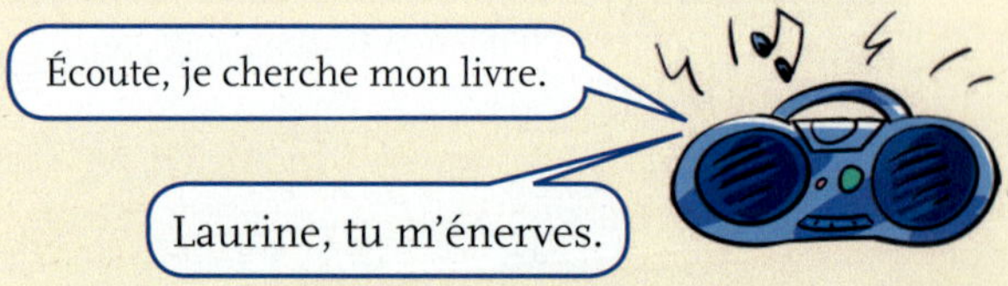

Laur: liv?
Max: Laur ↯

Probiere es gleich aus:

1 Überlege dir für folgende Wörter Abkürzungen und Zeichen: *où, oui, non, avec, dans, cinéma, numéro.* Was haben sich die anderen ausgedacht? Vergleicht.
2 Gebt euch weitere Wörter aus der *Liste des mots*, p. 112 vor und kürzt sie ab. Achtung: Ihr selbst müsst sie wieder verstehen können!

Après l'écoute | Nach dem Hören: Notizen überprüfen und ergänzen

Nach dem Hören liest du dir deine Notizen in Ruhe durch und ergänzt sie so, dass du sie gut wiedergeben kannst. Wenn dir Informationen fehlen, dann setze an diese Stelle ein Fragezeichen.
Überlege, warum dir diese Informationen fehlen. Hast du z. B. eine Zahl nicht verstanden, weil es dir zu schnell ging? Dann wiederhole die Zahlen und höre den Text noch einmal.

Probiere es gleich aus:

1 Was bedeuten die folgenden Notizen? Schreibe die Sätze auf.
Nico + Rob rentr. ens.
Aniss ♡ l'ordi: ✗♡ jeu vid

2 Sucht euch ein bis zwei Sätze aus einem Text im Buch aus und diktiert sie euch gegenseitig. Vergleicht eure Notizen.

Parler | Sprechen

Du willst der Klasse z. B. deine Traumwohnung präsentieren. Wie gelingt dein Vortrag am besten?

Parler devant la classe | Vor der Klasse sprechen

1. Einen Mini-Vortrag vorbereiten (Unités 4, 5)

Zuerst sammelst du Informationen. Du kannst die Informationen z. B. in einer Mindmap anordnen (siehe S. 96). Formuliere anhand der Mindmap deinen Text und lass ihn von deinem Lehrer / deiner Lehrerin korrigieren.
Du erreichst deine Zuhörer besser, wenn du nicht abliest. Verwende deshalb für deinen Vortrag nur Stichpunkte, die du auf der Grundlage deines Textes anfertigst. Du kannst auch den „Kniff mit dem Knick" ausprobieren (siehe S. 101).

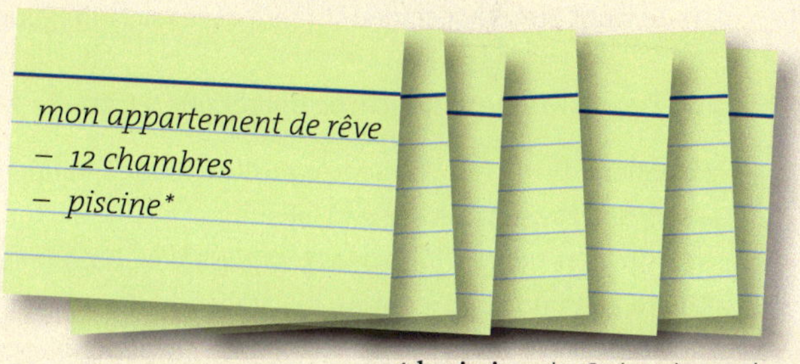

* **la piscine** der Swimmingpool

2. Einen Vortrag veranschaulichen (Unité 5)

Du kannst eine Collage, ein Poster, eine Power-Point-Präsentation oder eine Folie zu deinem Vortrag anfertigen. Dazu suchst du zu deinem Thema passende Fotos aus oder zeichnest Bilder.
Du hast dich für ein Poster entschieden: Ordne die Bilder, klebe sie auf und schreibe Bildunterschriften darunter. Die einzelnen Bilder und Texte nummerierst du in der Reihenfolge, in der du sie besprechen willst. So kannst du dich während deines Vortrags an ihnen orientieren.

Probiere es gleich aus:

Erstelle mit deinem Lernpartner / deiner Lernpartnerin gemeinsam ein Poster zum Thema „*Notre maison de rêve* (Unser Traumhaus)". Verwendet Bilder und schreibt Bildunterschriften dazu. Ihr könnt eure Poster im Klassenraum aufhängen.

3. Vor einem Publikum sprechen (Unité 5)

Übe deinen Vortrag vor dem Spiegel oder vor Freunden, Eltern oder Geschwistern. So machst du dich mit dem Text vertraut und merkst, wo du vielleicht noch üben musst. Verwende nur bekannte Wörter. Wenn du neue Wörter benutzen willst, besprichst du sie am besten vorher mit deinem Lehrer / deiner Lehrerin. Die neuen Wörter und ihre Übersetzung schreibst du vor deinem Vortrag an die Tafel. Sieh deine Mitschüler/innen während deines Vortrags an. Sprich langsam und deutlich und mache Pausen, damit alle deinem Vortrag folgen können.
Während deiner Präsentation benutzt du z. B. dein Poster als Hilfe. Zeige auf dem Poster, worüber du gerade sprichst.

Probiere es gleich aus:

Stellt euch in Vierergruppen anhand eurer Poster eure Traumhäuser (s. S. 99 unten) vor. Du beginnst und die anderen hören zu. Sie achten darauf, ob du deutlich sprichst, sie ansiehst und das Poster verwendest. Besprecht den Vortrag in der Gruppe. Dann ist der Nächste / die Nächste an der Reihe.

Jouer une scène | Ein Rollenspiel oder eine Szene vorspielen

1. Das Rollenspiel / Die Szene vorbereiten (Unité 3)

Sammelt zuerst gemeinsam Ideen für eure Szene oder euer Rollenspiel. Anschließend notiert ihr Wörter und Ausdrücke und schreibt gemeinsam den Text. Verteilt dann die Rollen untereinander.
Jede/r übt zunächst seinen/ihren Text für sich. Ihr könnt den „Kniff mit dem Knick" anwenden (siehe S. 101).

2. Requisiten und Kostüme einsetzen (Unité 3)

Überlegt euch, mit welchen Requisiten (Gegenständen) ihr euer Spiel anschaulicher und lebendiger gestalten könnt. Wenn eure Szene z. B. nach der Schule spielt, habt ihr eure Jacken an und eure Schultaschen dabei.
In eurer Szene kommen vielleicht auch Geräusche vor. Ihr spielt z. B. eine Szene in der U-Bahn und ein Handy klingelt. Überlegt euch, wie ihr die Geräusche erzeugt und wer dafür zuständig ist. Ihr könnt auch Musik aussuchen und abspielen.

Probiere es gleich aus:

1 Bei dir zu Hause ist Chaos: Der Fernseher läuft, dein Bruder will etwas von dir wissen, das Telefon klingelt und deine Schwester hört laut Musik. Deine Eltern fragen dich, ob du deine Hausaufgaben schon gemacht hast.
- Welche Gegenstände kannst du für diese Szene verwenden?
- Welche Musik passt dazu?
- Welche Geräusche kannst du einsetzen?

Mache dir Notizen.

2 Vergleiche deine Ideen mit denen deines Lernpartners / deiner Lernpartnerin.

3. Körpersprache einsetzen (Unité 3)

Überlegt bereits beim Schreiben und Einstudieren der Szene passende Gesichtsausdrücke und Bewegungen.
An welchen Stellen eurer Szene wollt ihr laut, leise, überrascht oder ungeduldig sprechen? Schreibe dir diese Anweisungen zu deiner Textvorlage. Bei euren Proben übst du Gesichtsausdrücke, Körperbewegungen und Sprechweise gleich mit.

Probiere es gleich aus:

1 Sucht euch zu zweit eine Szene aus einem beliebigen Text der Unités aus, die ihr bereits behandelt habt. Ihr spielt die Szene ohne Worte. Überlegt euch, wie ihr sie darstellt, welche Körperbewegungen, Gesichtsausdrücke, Geräusche und Gegenstände passen könnten.

2 Spielt die Szene vor. Eure Mitschüler/innen erraten, um welche Szene es sich handelt.

4. Freies Sprechen: Der „Kniff mit dem Knick" (ab Unité 3)

Der „Kniff mit dem Knick" ist ein (genehmigter) Spickzettel. Du schreibst in die oberen zwei Drittel eines Blattes die Sätze, die du für deinen Vortrag vorbereitet hast. In das untere Drittel schreibst du nur die wichtigsten Stichwörter. Beim Vortragen oder Vorspielen sprichst du frei. Ab und zu schaust du auf deine Stichwörter. Wenn du nicht weiter weißt, klappst du dein Blatt auf und liest nach.

Probiere es gleich aus:

Bereite mit deinem Lernpartner / deiner Lernpartnerin ein Rollenspiel vor: Spielt eine Szene, in der ihr euch verabredet und überlegt, was ihr tun wollt. Verwendet den „Kniff mit dem Knick".

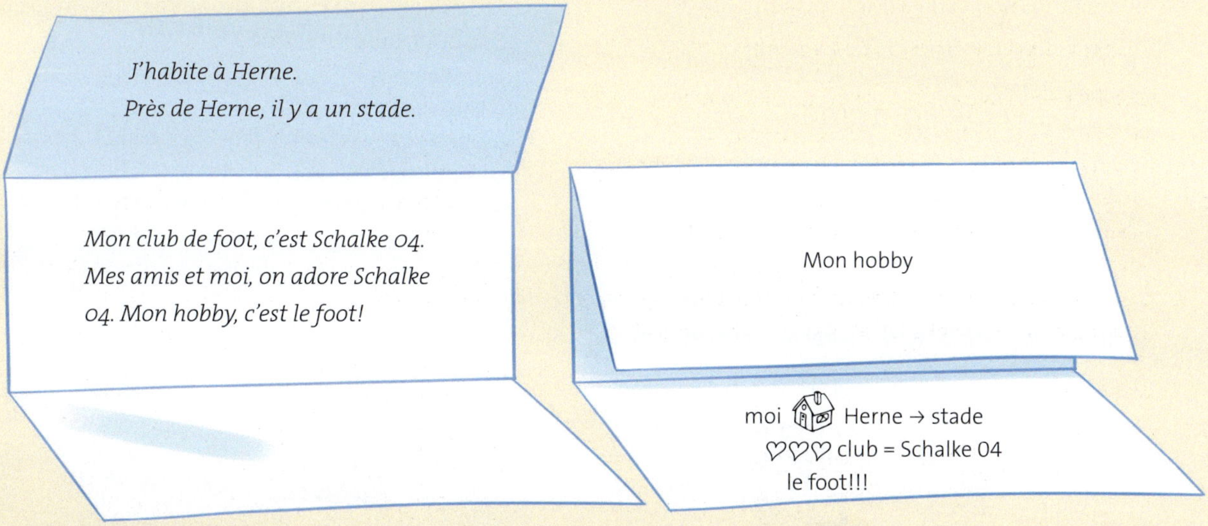

Lire | Lesen

Comprendre des mots | Wörter verstehen

Du kannst Wörter verstehen, die du noch nicht gelernt hast. Es gibt verschiedene Möglichkeiten, die Bedeutung eines unbekannten Wortes zu erschließen.

1. Wörter über Bilder erschließen (Unités 2, 3)

a) Schau dir zuerst die Bilder und Fotos, die einen Text begleiten, genau an. Achte auch auf Bildunterschriften. Die Bilder helfen dir, einzelne unbekannte Wörter zu verstehen.

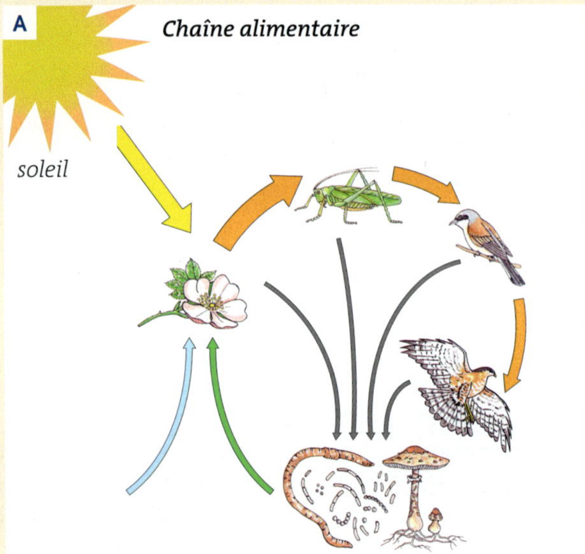

Probiere es gleich aus:

1 Schau dir das Schema (A) genau an und überlege dann mit deinem Lernpartner / deiner Lernpartnerin, was hier dargestellt wird.
2 Was bedeutet *la chaîne alimentaire?*
– die Sonnenenergie
– die Nahrungskette
– Tiere im Wald
3 Was bedeutet *soleil?*
4 Vergleicht eure Antworten in der Klasse und besprecht, wie ihr auf sie gekommen seid.

b) Wörter auf Schildern kannst du besser erschließen, wenn du weißt, wozu ein Schild dient.

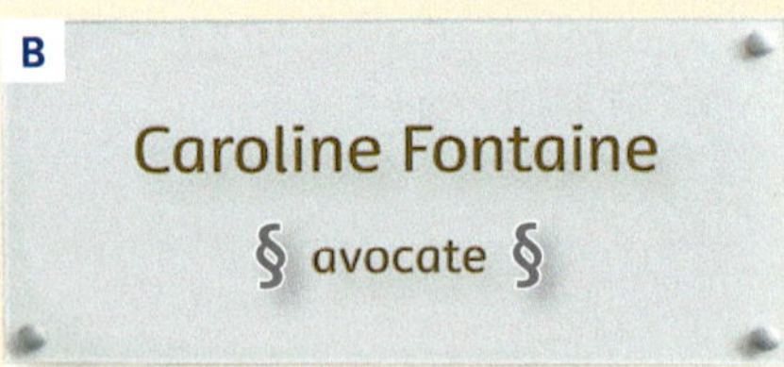

Probiere es gleich aus:

1 Überlegt zu zweit, was *avocate* auf diesem Türschild (B) angibt:
– den Beruf
– das Lieblingsgemüse
– den Familienstand (ledig, verheiratet, ...) von Caroline Fontaine?
2 Was bedeutet *avocate?* Woher weißt du das?

2. Kenntnisse aus anderen Sprachen nutzen (Unités 3, 5)

Viele Wörter verschiedener Sprachen haben denselben Ursprung und sind sich deshalb ähnlich. Nutze dein Wissen aus anderen Sprachen, um dir französische Wörter zu erschließen und sie dir zu merken.

le supermarché — der Supermarkt

supermarket — süpermarket

Probiere es gleich aus:

1 Was bedeuten diese Wörter auf Deutsch?
l'exercice, la capitale, l'aventure, l'acteur, l'aéroport, le train, l'oignon
Wie bist du darauf gekommen?
2 Kennst du andere Wörter, die sich in verschiedenen Sprachen ähneln? Sammelt zu zweit weiter. Tauscht euch dann mit euren Mitschülern/-innen aus.

3. Mit den alphabetischen Wortlisten arbeiten

In diesem Französischbuch gibt es ein französisch-deutsches und ein deutsch-französisches Wörterverzeichnis, S. 138–144. Dort findest du alle Wörter, die du im Laufe des Schuljahres lernst.

a) Die deutsche Bedeutung eines französischen Wortes nachschlagen

Du weißt nicht, was *l'âge* auf Deutsch heißt. Schlage in der alphabetischen Wortliste Französisch–Deutsch nach *(Liste alphabétique français-allemand)*, S. 138–141. Suche das Wort unter seinem Anfangsbuchstaben. Zusammengesetzte Wörter findest du unter dem Anfangsbuchstaben des ersten Wortes.

Lautschrift: Die Lautschrift gibt an, wie du das Wort aussprichst. (Übersicht zur Aussprache mit deutschen Beispielen, S. 111)

l'âge [lɑʒ] *m.* das Alter → 4/D

m. = *masculin* (männlich) Dieses Wort ist ein männliches Nomen.

Dieses Wort kommt zum ersten Mal im Dialogue modèle der Unité 4 vor.

Verben sind in ihrer Grundform (Infinitiv) eingetragen.
Théo mange une tartine. → Infinitiv: *manger*

manger qc [mɑ̃ʒe] etw. essen → 5/T *Konjugation*, S. 110

qc = *quelque chose* (etwas)
qc und etw. stehen für eine Ergänzung (Objekt), z. B.: *Elle mange une tartine.* (Sie isst ein Butterbrot.)

Die Konjugation des Verbs findest du auf S. 110.

Probiere es gleich aus:

1 Finde erst die Infinitive (Grundformen) der folgenden Verben (siehe auch *Les verbes*, S. 110). Schlage dann die Infinitive in der alphabetischen Wortliste nach. Was bedeuten: *j'ai, ils rentrent, nous mangeons, tu habites, ils ont, nous sommes, il est*?
2 Vergleiche deine Ergebnisse mit denen deines Lernpartners / deiner Lernpartnerin.

b) Die französische Bedeutung eines deutschen Wortes nachschlagen

Du bist dir nicht sicher, was „essen“ auf Französisch heißt. Schlage die *Liste alphabétique allemand-français*, S. 142–144, auf. Suche das Wort unter seinem Anfangsbuchstaben.

essen (etw.) manger qc → 5/T

etw. = etwas *(quelque chose)*
etw. und *qc* stehen für eine Ergänzung (Objekt) z. B.: *Elle mange une tartine.* (Sie isst ein Butterbrot.)

Dieses Wort kommt zum ersten Mal im Text der Unité 5 vor.

Probiere es gleich aus:

1 Wie sagt man „suchen“, „der Salat“ und „die Tasche“ auf Französisch?
2 In welcher Unité kommen diese Wörter zum ersten Mal vor?
3 Auf welcher Seite hast du sie gefunden?
4 Vergleiche deine Ergebnisse mit denen deines Lernpartners / deiner Lernpartnerin.

Lire et comprendre des textes | Einen Text lesen und verstehen

Versuche zunächst, die Hauptaussage eines Textes zu entschlüsseln. Dazu musst du nicht jedes einzelne Wort verstehen.

1. Auf Form und Gestalt eines Textes achten (Unité 5)

Bevor du einen Text liest, schau ihn dir an. Die Gestalt des Textes gibt dir bereits Hinweise auf seinen Inhalt. Bilder oder Fotos zeigen häufig, was im Text beschrieben ist, oder ergänzen den Text.

Probiere es gleich aus:

1 Besprecht zu zweit, um was für einen Text es sich bei A handelt. Woran habt ihr das erkannt?

2 Seht euch zu zweit Text B an.
- Was ist das für ein Text?
- Wer hat den Text geschrieben?
- An wen richtet er sich?
- Wann und wo wurde er geschrieben?

Wieso habt ihr das alles sofort erkannt?

3 Präsentiert eure Ergebnisse der Klasse.

A

B

Immenstadt, le 13 janvier

Chère famille Dupuis,

Je vous remercie de m'avoir si gentiment reçu. J'ai passé des jours extraordinaires avec vous.

Je n'oublierai jamais le moment de mon arrivée où je n'ai rien compris de ce que vous m'avez dit. Vous m'avez beaucoup aidé à comprendre et à parler le français.

Mes parents et moi serions très heureux de recevoir Thomas chez nous.
Cordialement
Tobias

2. Auf Überschriften und Schlüsselwörter achten (Unité 5)

Überfliege einen Text, um herauszufinden, worum es geht. Dabei achtest du zunächst nur auf Überschriften. Sie geben dir Hinweise auf das Thema des Textes. Außerdem gliedern sie den Text in Sinnabschnitte.
Achte auch auf Schlüsselwörter. Sie liefern wichtige Informationen zum Inhalt des Textes.

Probiere es gleich aus:

1 Welche Schlüsselwörter enthält deiner Meinung nach ein Einkaufsgespräch? Notiere vier (deutsche) Wörter oder Sätze.

2 Einigt euch zu zweit auf vier gemeinsame Wörter oder Sätze.

3 Fragt euren Lehrer / eure Lehrerin nach der französischen Übersetzung dieser Wörter.

4 Vergleicht euer Ergebnis mit dem Text, S. 86 unten. Wie viele eurer Schlüsselwörter findet ihr im Text wieder?

3. Einen Text genau lesen (ab Unité 2)

Du hast den Text überflogen und dir einen ersten Eindruck verschafft. Danach liest du ihn genau und achtest dabei auf Details. Fragen können dich beim Lesen leiten. Welche Fragen kennst du aus dem Deutschunterricht, die du an einen Text richten kannst? Sammelt die Fragen gemeinsam in der Klasse.

Wer?	Wer liegt noch im Bett?
Was?	Was suchen Laurine und Maxime?
W...?	

Probiere es gleich aus:

1 Überfliege den Text auf S. 74 und schau dir die Bilder an. Dann lies ihn genau. Formuliere drei Fragen (auf Deutsch) zu der Geschichte.

2 Tausche mit deinem Lernpartner / deiner Lernpartnerin die Fragen aus. Beantwortet jede/r die Fragen.

Écrire | Schreiben

Avant d'écrire | Vor dem Schreiben: Ideen sammeln und ordnen (ab Unité 3)

Du sollst z. B. dein Viertel beschreiben. Lies dir die Aufgabenstellung genau durch und finde heraus, was von dir verlangt wird. Schreibe dann deine Ideen auf. Dafür kann es nützlich sein, den Text der passenden Unité noch einmal zu lesen. Schreibe französische Wörter und Ausdrücke auf, die du verwenden willst, und ordne sie, z. B. in einer Mindmap (siehe S. 96). Verfasse auf dieser Grundlage deinen Text.

Probiere es gleich aus:

1 Schreibe eine E-Mail an einen französischen Schüler, der Freunde in Deutschland sucht. Darin stellst du dich vor und fragst ihn nach seinen Hobbys und Haustieren. Denke an Anrede und Verabschiedung. Tipp: Lies zur Vorbereitung Robins E-Mail, S. 52.

Après l'écriture | Nach dem Schreiben: Mit einer Fehlerliste eigene Texte überprüfen (ab Unité 4)

Lies deinen Text nach dem Schreiben in Ruhe noch einmal. Hast du alles gesagt, was die Aufgabe von dir verlangt? Dann kontrollierst du, ob du alles richtig geschrieben hast. Dafür liest du deinen Text rückwärts, Satz für Satz. Auf diese Weise entdeckst du Fehler leichter. Gehe die folgende Liste durch und korrigiere, falls nötig, deinen Text:

les copains, mes copines	Passen Begleiter und Nomen zusammen?	✔
Les copains rentrent.	Passen Subjekt und Verbform zusammen?	✔
l'armoire, j'ai, n'as pas, d'Océane	Hast du an die Apostrophe gedacht?	✔
même, là, école, élève	Hast du alle *accents* richtig gesetzt?	✔

Probiere es gleich aus:

1 Finde die Fehler im Text A mithilfe der Fehlerliste und korrigiere sie im Heft.
2 Überprüfe die von dir geschriebene E-Mail (siehe Aufgabe 1 auf der Karteikarte oben).
3 Tauscht dann eure Texte aus und korrigiert sie gegenseitig noch einmal.

A
Dans mon quartier, il y a des boulangeries et
des cinéma. |
Ma famille et moi, nous habitent 5, rue de Paris. |
Mon copine Laure habite 7, rue de Paris. |
Jai deux cochons d'Inde. Elle a trois chat. ||
Après l'ecole, on rentres et on passe par la ||
boulangerie de Monsieur Lepain.

Apprentissage coopératif | Kooperatives Lernen: Think – pair – share (le R-E-P)

1. **Réfléchir (Think)**
   Zuerst löst du die Aufgabe alleine. So kannst du konzentriert nachdenken und deinen eigenen Lösungsweg finden.
2. **Échanger (Pair)**
   Dann besprecht ihr eure Ergebnisse zu zweit.
3. **Partager (Share)**
   Anschließend tragt ihr eure Ergebnisse in der Gruppe oder in der Klasse zusammen.
   Ihr berücksichtigt die Meinungen aller und einigt euch auf ein gemeinsames Ergebnis.

Probiere es gleich aus:

Ihr sollt „Informationen und Tipps" in eurem Französischbuch finden (Unité 1, S. 9/9):
1 Jede/r sucht im Buch und macht sich Notizen.
2 Dann arbeitet ihr zu zweit und stellt euch gegenseitig eure Ergebnisse vor. Hört euch gut zu und fragt nach, wenn ihr etwas nicht verstanden habt. Einigt euch auf drei Tipps, die ihr den anderen vorstellen wollt.
3 Stellt eure Tipps in der Gruppe/Klasse vor.

Placemat (ab Unité 3)

Bei dieser Form des kooperativen Arbeitens diskutiert ihr in der Gruppe über ein Thema. Das Ergebnis eurer Diskussion haltet ihr in der Mitte eines Blattes fest.

1. Ihr sollt französische Wörter und Ausdrücke sammeln, die zum Thema *le quartier* passen. Alle schreiben in ihr Feld, was ihnen dazu einfällt.
2. Eine/r in der Gruppe übernimmt die Gesprächsführung. Er/Sie sorgt dafür, dass alle zu Wort kommen. Alle stellen vor, was sie eingetragen haben und hören den anderen zu.
3. Ihr diskutiert über eure Wörter. Sind alle hier richtig? Gibt es Wörter, die ihr alle aufgeschrieben habt? Einigt euch auf fünf Wörter. Die Entscheidung begründet ihr gemeinsam.
4. Ein Gruppenmitglied trägt diese fünf Wörter in die Mitte des Placemats ein.
5. Euer Lehrer / Eure Lehrerin fordert eine/n von euch auf, euer Ergebnis der Klasse vorzustellen.

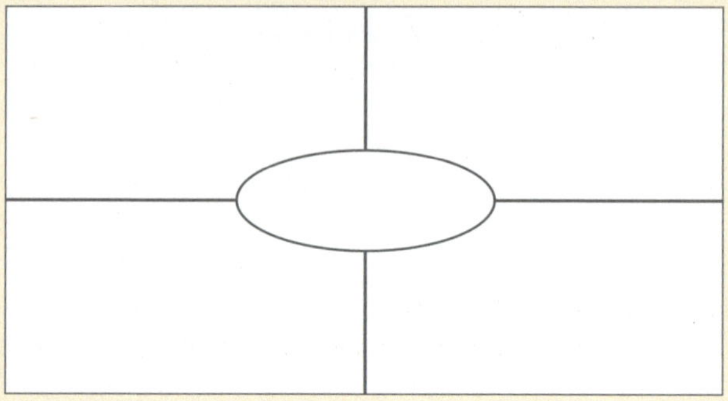

Probiere es gleich aus:

In der Unité 4 lernst du, dich, deine Familie, deine Freunde und deine Haustiere in einer E-Mail auf Französisch vorzustellen.
Überlege und notiere auf Deutsch, was du brauchst und können musst, um darüber zu schreiben (z. B. Tiernamen). Erarbeitet in vier Schritten ein Ergebnis im Placemat. Stellt euer Ergebnis der Klasse vor.

Rendez-vous (ab Unité 3)

Bei dieser Methode „verabredest" du dich mit Mitschülern/Mitschülerinnen, mit denen du gemeinsam eine Übung lösen möchtest.

1. Du sollst verschiedene Schüler/innen nach ihrer Adresse fragen (siehe S. 36/7). Zuerst bereitest du eine Tabelle vor: In die linke Spalte schreibst du die fünf Städte *Paris, Rome, Berlin, New York, Marseille*. Über die beiden anderen Spalten schreibst du *nom* und *adresse*.
2. Beim Signal deines Lehrers / deiner Lehrerin läufst du durch die Klasse und verabredest dich für jede der fünf Städte mit je einem Schüler / einer Schülerin. Die Namen schreibst du in die Tabelle unter *nom*.
3. Beim Signal: *„Vous êtes à Paris!"* begibst du dich schnell zu deiner Verabredung in *Paris*. Frage ihn/sie nach seiner/ihrer Adresse. Sage auch, wo du wohnst. Ihr schreibt beide die Adresse auf. Beim nächsten Signal: *„Vous êtes à Rome!"* geht es weiter, bis dein „Adressbuch" voll ist.
4. Am Ende fordert dein Lehrer / deine Lehrerin eine/n von euch auf, seine/ihre Ergebnisse vorzustellen.

	nom	*adresse*
Paris		
Rome		
Berlin		
New York		
Marseille		

Probiere es gleich aus:

1 Macht eine Umfrage zu euren Hobbys (siehe S. 67/4). Dazu erstellt ihr zuerst einen „Kalender". Verabredet euch mit jeweils fünf Mitschülern/Mitschülerinnen.

2 Auf die Signale hin befragt ihr euch gegenseitig: *Qu'est-ce que tu aimes? Qu'est-ce que tu n'aimes pas?*

Petit dictionnaire de civilisation | Kleines landeskundliches Lexikon

Personen

Éluard, Paul [elɥaʀ] (1895–1952)
Französischer Dichter. Er ist bekannt für seine Liebesgedichte. Außerdem hat er sich für den Frieden eingesetzt.
(→ Unité 5 / Magazine)

Ferrari, Christian [feʀaʀi]
Französischer Sänger, Autor und Komponist, der sich mit seinen Liedern und Konzerten vor allem an Kinder und Jugendliche wendet. Er lebt im Süden Frankreichs und gibt dort regelmäßig Kurse im Schreiben und Komponieren von Liedern.
(→ Unité 4 / Magazine)

France, Anatole [fʀɑ̃s] (1844–1924)
Französischer Schriftsteller, der 1921 den Literaturnobelpreis erhielt. Er schrieb vorwiegend historische Romane und Kriminalromane. (→ Unité 3 / Texte)

Hugo, Victor [ygo] (1802–1885)
Französischer Schriftsteller. Er hat über 50 Werke geschrieben. Seine Romane „Notre-Dame de Paris" („Der Glöckner von Notre-Dame") und „Les Misérables" („Die Elenden") dienten als Vorlage für die gleichnamigen, weltberühmten Filme und Musicals.
(→ Unité 3 / Texte)

Jaurès, Jean [ʒoʀɛs] (1859–1914)
Französischer Politiker und Philosoph, der sich für ein soziales Frankreich einsetzte. Er rief gegen die Vorbereitungen zum Ersten Weltkrieg (1914–1918) auf und wurde daraufhin ermordet. (→ Unité 2 / Approches)

Péri, Gabriel [peʀi] (1902–1941)
Französischer Politiker, Abgeordneter der kommunistischen Partei. Er beteiligte sich am Widerstand gegen die Nazibesatzung. 1940 wurde er festgenommen und einige Monate später von den Besatzertruppen erschossen. (→ Unité 3 / Texte)

Pompidou, Georges [pɔ̃pidu] (1911–1974)
Französischer Politiker, von 1969 bis zu seinem Tod Präsident Frankreichs. Nach ihm ist das → Centre Georges-Pompidou benannt. Dieses bedeutende Kunst- und Kulturzentrum wurde auf seinen Wunsch hin in Paris erbaut.
(→ Unité 1 / France en direct, Unité 3 / Texte)

Soha [soa]
Französische Sängerin aus Marseille. Sie entstammt einer Familie nordafrikanischer Nomaden. In ihrer Musik vermischen sich verschiedene Stilrichtungen und Rhythmen aus Reggae, Jazz und kubanischer Musik. 2008 war sie mit ihrem ersten Album „D'ici et d'ailleurs" („Von hier und woanders") in Deutschland auf Tournee. (→ Module C)

Geographische Namen

Levallois [ləvalwa]
Vorort von Paris mit ca. 63 200 Einwohnern, den man von Paris aus mit der Metro erreicht. Durch Levallois fließt die → Seine. In Levallois stehen Häuser mit bemalten Wänden *(les murs peints)*, auf denen täuschend echt aussehende Motive abgebildet sind. (→ Unité 2 / Approches)

Marseille [maʀsɛj]
Zweitgrößte und älteste Stadt Frankreichs mit ca. 850 000 Einwohnern, die um 600 v. Chr. gegründet wurde. Marseille liegt am Mittelmeer und hat einen wichtigen Hafen. Der berühmte und erfolgreiche Fußballklub Marseilles heißt „Olympique de Marseille". (→ Unité 3 / Texte)

Paris [paʀi]
Hauptstadt Frankreichs. Mit ca. 2,2 Millionen Einwohnern bevölkerungsreichste Stadt des Landes. Politisches, wirtschaftliches und kulturelles Zentrum. Das bekannteste Wahrzeichen von Paris ist der → Eiffelturm.
(→ Unité 3 / Approches)

la Seine [lasɛn]
Zweitlängster Fluss Frankreichs (776 km) nach der Loire (1 020 km). Die Seine entspringt im Osten in Burgund und mündet im Westen bei Le Havre in den Ärmelkanal. Sie fließt unter anderem durch → Paris, → Levallois und Rouen.
(→ Unité 3 / Approches)

Sehenswürdigkeiten in Paris

le Centre Georges-Pompidou [ləsɑ̃tʀʒɔʀʒpɔ̃pidu]
Kunst- und Kulturzentrum in Paris, das → Georges Pompidou bauen ließ. Das Gebäude besteht hauptsächlich aus Stahl, Glas und bunten Röhren. In dem Kulturzentrum ist ein Museum für moderne Kunst. Die Mediathek hat über 380.000 Bücher, CDs und DVDs. Zudem finden dort häufig Vorträge, Kinoabende und Theateraufführungen statt.
(→ Unité 1 / France en direct)

le musée du Louvre [ləmysedyluvʀ]
Größtes Museum Frankreichs, in dem weltberühmte Gemälde ausgestellt sind, darunter „La Joconde" („Mona Lisa") von Leonardo da Vinci. Das Museum besitzt eine reichhaltige Sammlung antiker sowie islamischer Kunst.
(→ Unité 1 / France en direct)

Notre-Dame [nɔtʀdam]
Kathedrale in Paris, die von 1163–1345 errichtet wurde. Sie befindet sich mitten in → Paris auf einer Insel in der → Seine. → Victor Hugo schrieb 1831 den Roman „Notre-Dame de Paris" („Der Glöckner von Notre-Dame") über den buckligen Glöckner Quasimodo, der sich in die schöne Esmeralda verliebt. Die Geschichte wurde oft verfilmt und auch als Musical aufgeführt. (→ Unité 1 / France en direct)

la tour Eiffel [latuʀefɛl] **der Eiffelturm**
300 Meter hoher Turm aus Stahl. Das Wahrzeichen von → Paris wurde 1889 für die Pariser Weltausstellung errichtet und nach seinem Erbauer Gustave Eiffel benannt. (→ Unité 1 / France en direct, Unité 3 / Texte)

Schule

le collège [ləkɔlɛʒ]
Ganztagsschule mit vier Klassenstufen von der *sixième* (entspricht in Deutschland der 6. Klasse) bis zur *troisième* (in Deutschland 9. Klasse), die von allen Schülern/Schülerinnen besucht wird (einzige Schulform). Nur am Mittwochnachmittag haben die Schüler/Schülerinnen schulfrei.
(→ Unité 2 / Approches)

1 **le CDI** [ləsedei] **(centre de documentation et d'information)**
Schülerbibliothek an französischen → *collèges*. Im CDI ihrer Schule können die Schüler/Schülerinnen einzeln oder in Gruppen arbeiten. Sie haben Zugang zu Materialien wie Büchern, Zeitschriften, CDs oder DVDs und zum Internet.

2 **la salle de permanence** [lasaldəpɛʀmanɑ̃s]
Aufenthaltsraum in der Schule. Dorthin gehen alle Schüler/Schülerinnen, die eine Freistunde haben. Sie werden von → *surveillants* bei ihren Hausaufgaben beaufsichtigt.

3 **le surveillant / la surveillante** [ləsyʀvɛjɑ̃/lasyʀvɛjɑ̃t]
Aufsichtsperson an französischen Schulen. In Frankreich führen nicht Lehrer/Lehrerinnen die Pausenaufsicht, sondern spezielle Aufsichtspersonen. Sie sind auch in den → *salles de permanence* für die Betreuung der Schüler/Schülerinnen zuständig. (→ Unité 2 / Texte)

Les nombres | Die Zahlen

Les nombres cardinaux de 0–20 | Die Grundzahlen von 0–20

0	zéro	[zeʀo]	
1	un/une	[ɛ̃] *(männlich)* / [yn] *(weiblich)*	
2	deux	[dø]	[døz] *in der Bindung:* deux‿enfants [døzɑ̃fɑ̃]
3	trois	[tʀwa]	[tʀwaz] *in der Bindung:* trois‿enfants [tʀwazɑ̃fɑ̃]
4	quatre	[katʀ]	
5	cinq	[sɛ̃k]	
6	six	[sis]	[si] *vor Konsonanten:* six livres [silivʀ] [siz] *in der Bindung:* six‿heures [sizœʀ]
7	sept	[sɛt]	
8	huit	['ɥit]	[ɥi] *vor Konsonanten:* huit musées [ɥimyze]
9	neuf	[nœf]	[nœv] *in der Bindung:* neuf‿heures [nœvœʀ]
10	dix	[dis]	[di] *vor Konsonanten:* dix livres [dilivʀ] [diz] *in der Bindung:* dix‿heures [dizœʀ]
11	onze	['ɔ̃z]	
12	douze	[duz]	
13	treize	[tʀɛz]	
14	quatorze	[katɔʀz]	
15	quinze	[kɛ̃z]	
16	seize	[sɛz]	
17	dix-sept	[disɛt]	
18	dix-huit	[dizɥit]	
19	dix-neuf	[diznœf]	
20	vingt	[vɛ̃]	[vɛ̃t] *in der Bindung:* vingt‿heures [vɛ̃tœʀ]

Les nombres cardinaux de 21–100 | Die Grundzahlen von 21–100

21	vingt et un	[vɛ̃teɛ̃] *(männlich)*
	vingt et une	[vɛ̃teyn] *(weiblich)*
22	vingt-deux	[vɛ̃tdø]
30	trente	[tʀɑ̃t]
40	quarante	[kaʀɑ̃t]
50	cinquante	[sɛ̃kɑ̃t]
60	soixante	[swasɑ̃t]
70	soixante-dix	[swasɑ̃tdis]
71	soixante et onze	[swasɑ̃teɔ̃z]
72	soixante-douze	[swasɑ̃tduz]
73	soixante-treize	[swasɑ̃ttʀɛz]
74	soixante-quatorze	[swasɑ̃tkatɔʀz]
75	soixante-quinze	[swasɑ̃tkɛ̃z]
76	soixante-seize	[swasɑ̃tsɛz]
77	soixante-dix-sept	[swasɑ̃tdisɛt]
78	soixante-dix-huit	[swasɑ̃tdizɥit]
79	soixante-dix-neuf	[swasɑ̃tdiznœf]
80	quatre-vingts	[katʀəvɛ̃]
81	quatre-vingt-un	[katʀəvɛ̃ɛ̃] *(männlich)*
	quatre-vingt-une	[katʀəvɛ̃yn] *(weiblich)*
82	quatre-vingt-deux	[katʀəvɛ̃dø]
90	quatre-vingt-dix	[katʀəvɛ̃dis]
91	quatre-vingt-onze	[katʀəvɛ̃ɔ̃z]
100	cent	[sɑ̃] [sɑ̃t] *in der Bindung:* cent‿ans [sɑ̃tɑ̃]

Les verbes | Die Verben

Hier findest du die Konjugationen der Verben aus *À toi! 1A*.

Les verbes *avoir* et *être* | Die Verben *avoir* und *être*

infinitif		**avoir** (haben)		**être** (sein)
présent	j'	ai	je	suis
	tu	as	tu	es
	il/elle/on	a	il/elle/on	est
	nous	avons	nous	sommes
	vous	avez	vous	êtes
	ils/elles	ont	ils/elles	sont

Les verbes réguliers en *-er* | Die regelmäßigen Verben auf *-er*

infinitif		**rentrer** (nach Hause gehen)		**habiter** (wohnen)
présent	je	rentre	j'	habite
	tu	rentres	tu	habites
	il/elle/on	rentre	il/elle/on	habite
	nous	rentrons	nous	habitons
	vous	rentrez	vous	habitez
	ils/elles	rentrent	ils/elles	habitent
impératif	Rentre. Rentrons. Rentrez.		Habite. Habitons. Habitez.	

! Die folgenden Verben haben jeweils eine Besonderheit in der Schreibung:

-ger: *nous mangeons, nous rangeons*
s'appeler: *je m'appelle / tu t'appelles / il/elle s'appelle / ils/elles s'appellent*

Einige Formen von *aller*, *faire*, *pouvoir* und *vouloir*:

aller (gehen, fahren):
Ça va? / Comment ça va? Wie geht's? (présent, 3e pers. sing.)

faire (machen):
Ça fait combien? Wieviel kostet das?
Ça fait 2 euros 10. Das kostet 2 Euro 10. (présent, 3e pers. sing.)

pouvoir (können):
Je peux aller aux toilettes? Darf ich auf die Toilette gehen? (présent, 1re pers. sing.)
Vous pouvez répéter, s'il vous plaît? Können Sie das bitte wiederholen? (présent, 1re pers. pl.)

vouloir (wollen):
Je voudrais un timbre, s'il vous plaît. Ich möchte bitte eine Briefmarke. (conditionnel, 1re pers. sing.)

L'alphabet | Das Alphabet

a [ɑ]	d [de]	g [ʒe]	j [ʒi]	m [ɛm]	p [pe]	s [ɛs]	v [ve]	y [igʀɛk]
b [be]	e [ə]	h [aʃ]	k [ka]	n [ɛn]	q [ky]	t [te]	w [dubləve]	z [zɛd]
c [se]	f [ɛf]	i [i]	l [ɛl]	o [o]	r [ɛʀ]	u [y]	x [iks]	

L'alphabet phonétique | Die Lautschrift

Les consonnes | Die Konsonanten

[b] bien, bonjour
[d] bédé, ordinateur
[f] photo, prof
[g] garçon, grand-mère, navigo
[k] classe, cahier
[l] là, aller
[m] mon, aimer
[n] non, tartine
[ŋ] shopping
[ɲ] Allemagne, Bretagne
[p] père, sport
[ʀ] rue, livre
[s] *scharfes „s" wie in Kuss:* ça, merci, super, passer
[z] *summendes „s" wie in Rasen:* magasin, les‿enfants, dix‿heures, zéro
[ʃ] *„sch" wie in Tasche:* chercher, chat
[ʒ] *wie „g" in Garage:* manger, bonjour
[t] tour, baguette
[v] vous, livre, élève

Les voyelles | Die Vokale

[a] *kurzes „a" wie in Ball:* ami, voilà
[ɑ] *langes „a" wie in Bahn:* ne ... pas, classe, âge
[ɛ] *offenes „e" wie in Ende:* mais, chaise, c'est, chercher, collège
[e] *geschlossenes „e" wie in See:* répétez, ranger
[ə] *stummes „e" wie in Kabel:* le, de, petit
[i] qui, il
[o] *geschlossenes „o" wie in Floh:* trop, nouveau
[ɔ] *offenes „o" wie in doch:* sport, encore, porte
[ø] *geschlossenes „ö" wie in böse:* peu, monsieur
[œ] *offenes „ö" wie in öffnen:* sœur, neuf
[u] *„u" wie in Mut:* où, bonjour, sous
[y] *„ü" wie in müde:* unité, minute, tu

Les semi-voyelles | Die Gleitlaute

[ɥ] cuisine, huit, nuit
[j] quartier, surveillant
[w] oui ['wi], toi [twa], armoire [aʀmwaʀ]

Les voyelles nasales | Die nasalierten Vokale

[ɑ̃] enfant, dans, chambre
[ɔ̃] pardon, combien
[ɛ̃] un, cinquième, copain, mur peint

Les signes dans la phrase | Die Zeichen im Satz

LA MAJUSCULE — l'apostrophe *f.* — le trait d'union — le point d'exclamation — l'accent circonflexe *m.* — l'accent aigu *m.* — les deux-points — le « c » cédille — la minuscule

Samedi, c'est l'anniversaire de Jérôme! Il fait une fête et il invite ses amis: deux garçons et trois filles. Mercredi après-midi, les copains achètent des cadeaux. Hélène achète le CD «Joyeux anniversaire», Raphaël regarde une bédé – elle est super, mais trop chère. Et moi? (Je n'ai pas encore d'idée ...)

les guillemets *m. pl.* — les parenthèses *f. pl.* — les points de suspension — le tréma — le tiret — la virgule — l'accent grave *m.* — le point — le point d'interrogation

Liste des mots | Wortliste

p.17 1 2 Hier stehen die Vokabeln zu Abschnitt eins und zwei des Textes auf Seite 17.

p.46 | 2 Hier stehen die Vokabeln zu Aufgabe 2 auf Seite 46.

~ bezeichnet die Lücke, in die du das neue Wort (ohne Begleiter) einsetzt.

~[1] Die Fußnote zeigt dir an, dass du auf die Angleichung des Wortes achten musst. Die richtige Lösung findest du in dem weißen Streifen nach jedem Abschnitt.

! Achtung! Pass hier besonders gut auf.

Hier findest du ein englisches Wort, das dem französischen Wort ähnlich ist. ▶ Méthodes, p.102

Verb auf -er, *p. 110:* Dieses Verb gehört zu den Verben auf *-er*. Wie du es konjugierst, steht auf Seite 110.
▶ *Civilisation, p.107* zeigt dir an, dass du im *Petit dictionnaire de civilisation* (Kleines landeskundliches Wörterbuch) weitere Informationen zu dem Eintrag findest.

adj.	*adjectif* (Adjektiv)	etw.	etwas
adv.	*adverbe* (Adverb)	jdm	jemandem
f.	*féminin* (weiblich)	jdn	jemanden
fam.	*familier* (umgangssprachlich)	jds	jemandes
imp.	*impératif* (Imperativ)	männl.	männlich
m.	*masculin* (männlich)	Pers.	Person
pl.	*pluriel* (Plural)	Pl.	Plural
qc	*quelque chose* (etwas)	Sg.	Singular
qn	*quelqu'un* (jemand)	ugs.	umgangssprachlich
sg.	*singulier* (Singular)	weibl.	weiblich
		wörtl.	wörtlich

Unité 1 | Texte

p.7	**Bonjour!** [bɔ̃ʒuʀ]	Guten Tag!, Guten Morgen!	~, Anissa!
	madame [madam]	*Anrede für eine Frau*	Bonjour, ~!
	monsieur [məsjø]	*Anrede für einen Mann*	Bonjour, ~!
	Salut! [saly]	Hallo!, *auch:* Tschüss!	~, Maxime!
	Ça va? [sava]	Wie geht's?	~, Anissa?
	Ça va. [sava]	Gut.	– Ça va? – ~.
	et [e]	und	Salut, Thomas ~ Maxime!
	Et toi? [etwa]	Und dir?	Ça va. ~?
	maman [mamɑ̃]	Mama	Salut, ~!
	papa [papa]	Papa	Bonjour, ~!
	Au revoir. [ɔʀəvwaʀ]	Auf Wiedersehen.	~, madame!
	Bof! [bɔf] *fam.*	Na ja.	– Ça va, Robin? – ~!
	Super! [sypɛʀ] *fam.*	Super!	– Ça va, Mehdi? – ~!

Unité 2 | Approches

p. 12–13	**c'est** [sɛ]	es ist, das ist	~ Maxime.
	la rentrée [laʀɑ̃tʀe]	der Schulanfang	C'est la ~.
	le collège [ləkɔlɛʒ]	das Collège *Schultyp in Frankreich* ▶ Civilisation, p. 107	C'est le ~.
	le collège Jean Jaurès [ləkɔlɛʒ'ʒɑ̃ʒoʀɛs]	die Jean-Jaurès-Schule	C'est le ~.
	à [a]	in	
	Levallois [ləvalwa]	*nördlicher Vorort von Paris* ▶ Civilisation, p. 107	C'est le collège Jean Jaurès à ~.
	oui ['wi]	ja	– Ça va? – ~, ça va.
	qui [ki]	wer	C'est ~?

Achte auf den kleinen Strich am *Q*! *Oui* = ja, aber: *Qui* = wer

	C'est qui? [sɛki]	Wer ist das?	– ~? – C'est Anissa.
	Coucou! [kuku]	Kuckuck!	~, c'est Paul!
	je [ʒə]	ich *Personalpronomen, 1. Pers. Sg.*	
	je m'appelle [ʒəmapɛl]	ich heiße	~ Océane.
	toi [twa]	du, dir	~, c'est Mathilde?
	Et toi? [etwa]	*hier:* Und du?	Je m'appelle Océane. ~?
	moi [mwa]	ich, mir	~, je m'appelle Nicolas.
	moi, c'est [mwasɛ] *+ Name*	ich bin *+ Name*	~ Laurine.

Unité 2 | Dialogue modèle

p. 15	**tu** [ty]	du *Personalpronomen, 2. Pers. Sg.*	
	tu t'appelles [tytapɛl]	du heißt	– ~ Thomas? – Non, je m'appelle Maxime.
	comment [kɔmɑ̃]	wie *Fragewort*	
	Tu t'appelles comment? [tytapɛlkɔmɑ̃]	Wie heißt du?	Moi, c'est Marie. Et toi? ~?
	tu es [tyɛ]	du bist	~ à Levallois.
	en [ɑ̃]	in	
	la sixième [lasizjɛm] sixth	die sechste (Klasse)	C'est la ~ B.

en sixième [ɑ̃sizjɛm]	in der sechsten Klasse	Tu es ~ A?
non [nɔ̃]	nein	– C'est toi, Robin? – ~, moi, c'est Mehdi.
je suis [ʒəsɥi]	ich bin	Non, ~ en sixième B.
la cinquième [lasɛ̃kjɛm]	die siebte Klasse *wörtl.: die fünfte*	Elle est en ~.
p.16 **la fille** [lafij]	das Mädchen	– La ~, c'est qui? – C'est Marie.
elle [ɛl]	sie *Personalpronomen, 3. Pers. weibl. Sg.*	~ est en cinquième.
elle est [ɛlɛ]	sie ist	~ à Paris.
dans [dɑ̃]	in, auf	
la classe [laklɑs]	die Klasse, *auch:* das Klassenzimmer	Tu es dans ~.
de [də]	von	Je suis dans la classe ~ Mehdi.

Merke: Je suis dans la classe **de** Thomas. Je suis dans la classe **d'**Océane.
Vor Namen, die mit einem Vokal beginnen, verwendest du *d'*.

le garçon [ləgaʀsɔ̃]	der Junge	Le ~, c'est qui?
il [il]	er *Personalpronomen, 3. Pers. männl. Sg.*	C'est Thomas. ~ est en cinquième.
il est [ilɛ]	er ist	~ dans la classe d'Anissa.

Merke: Je suis **en** sixième. – Ich bin **in der** sechsten Klasse.
Je suis **dans** la classe de Mehdi. – Ich bin **in** Mehdis Klasse.

Unité 2 | Texte

p.17 1 2 **la cour** [lakuʀ]	der (Schul-)Hof	C'est la ~.
l'élève [lelɛv] *m./f.*	der Schüler / die Schülerin	
les élèves [lezelɛv] *m./f. pl.*	die Schüler / die Schülerinnen	Les ~ sont dans la classe d'Anissa.
ils [il] *m. pl.*	sie *Personalpronomen, 3. Pers. männl. Pl.*	
ils sont [ilsɔ̃]	sie sind	Les garçons? ~ dans la cour.
vous [vu]	ihr, Sie *Personalpronomen, 2. Pers. Pl., höfliche Anrede (Sg.)*	Madame Fouquet, c'est ~?

vous êtes [vuzɛt]	ihr seid, Sie sind	~ Anissa, Laurine et Marie?
le prof / la prof [ləpʀɔf/lapʀɔf] *fam.* **le professeur / la professeur** [ləpʀɔfɛsœʀ/lapʀɔfɛsœʀ]	der Lehrer / die Lehrerin	La ~ est dans la cour.
le/la prof de français [lə/lapʀɔfdəfʀɑ̃sɛ]	der / die Französischlehrer/in	Vous êtes la ~?
le surveillant / la surveillante [ləsyʀvɛjɑ̃/lasyʀvɛjɑ̃t]	die Aufsichtsperson *In französischen Schulen führen surveillants die Pausenaufsicht.* ▶ Civilisation, p. 107	C'est la ~[1].
Et vous? [evu]	Und ihr?, Und Sie?	– Je m'appelle Marie. – ~?
nous [nu]	wir *Personalpronomen, 1. Pers. Pl.*	Océane et moi, ~ sommes en 5ᵉ B.
nous sommes [nusɔm]	wir sind	~ dans la classe de Robin.

1 surveillante

p. 17 3 4 5

voilà [vwala]	da ist, da sind, das ist, das sind	~ le prof de français.
la sœur [lasœʀ]	die Schwester	C'est la ~ de Mehdi.

Merke: ❗ œ schreibst du hier zusammen.

l'ami *m.* / **l'amie** *f.* [lami]	der Freund / die Freundin	Thomas est l'~[1] de Maxime.
Je ne sais pas. [ʒənəsɛpɑ]	Ich weiß nicht.	– Madame Ytak, c'est qui? – ~.
le frère [ləfʀɛʀ]	der Bruder	C'est le ~ de Cédric.
ce sont [səsɔ̃]	das sind	~ les élèves de la 6ᵉ B.
elles [ɛl] *f. pl.*	sie *Personalpronomen, 3. Pers. weibl. Pl.*	– Les filles, c'est qui? – Je ne sais pas. ~ sont en 5ᵉ B.
elles sont [ɛlsɔ̃]	sie sind	Les filles? ~ dans la classe de Mehdi.

être [ɛtʀ]	je suis	ich bin	nous sommes	wir sind
sein	tu es	du bist	vous êtes	ihr seid / Sie sind
	il est / elle est	er ist / sie ist	ils sont / elles sont	sie sind

1 ami

Module A

Die Module A–E sind unabhängige „Bausteine". Sie schließen an den Wortschatz der Unité 2 an.

p. 26	**l'alphabet** [lalfabɛ] *m.*	das Alphabet	A, B et C sont dans l'~.
	puis [pɥi]	dann	Et ~?
	Pardon! [paʀdɔ̃]	Verzeihung!, Entschuldigung!	~, monsieur!
	Tu peux épeler, s'il te plaît? [typøepəlesiltəplɛ]	Kannst du bitte buchstabieren?	– Je m'appelle Yannick. – ~?
	deux [dø]	zwei	Léa et Rose sont ~ filles.
	il y a un [iljaɛ̃] *+ Buchstabe*	es gibt ein *+ Buchstabe*	– ~ A? – Non.

Unité 3 | Approches

p. 28	**un** [ɛ̃]	ein *unbestimmter Artikel, männl. Sg.*	Nicolas, c'est ~ garçon.
	le quartier [ləkaʀtje]	das Viertel	C'est le ~ de Nicolas.
	Qu'est-ce qu'il y a? [kɛskilja]	Was gibt es?	~ dans le quartier?
	il y a [ilja]	es gibt	~ un collège.
	le supermarché [ləsypɛʀmaʀʃe]	der Supermarkt	Dans le quartier, il y a un ~.
	le cinéma [ləsinema] cinema	das Kino	À Levallois, il y a un ~.
	le cinéma Eiffel [ləsinemaɛfɛl]	*Name des Kinos*	
	l'hôtel [lotɛl] *m.*	das Hotel	Il y a un ~.
	l'hôtel des Arts [lotɛldezaʀ] *m.*	*Name, wörtl.: Hotel der Künste*	
	aussi [osi]	auch	Il y a ~ un supermarché.
	une [yn]	eine *unbestimmter Artikel, weibl. Sg.*	Océane, c'est ~ fille.
	la librairie [libʀeʀi]	die Buchhandlung	Elle est dans la ~.

p. 29	**le cybercafé** [ləsibɛʀkafe]	das Internetcafé	Il y a un ~.
	des [de]	*unbestimmter Artikel im Pl., im Deutschen steht hier kein Artikel*	À Levallois, il y a ~ librairies.
	la boulangerie [labulɑ̃ʒʀi]	die Bäckerei	Maxime est dans la ~.
	le croissant [ləkʀwasɑ̃]	das Croissant	Dans une boulangerie, il y a des ~[1].
	miam [mjam]	mmh, lecker *Ausruf*	~, un croissant!
	C'est bon! [sɛbɔ̃]	Das ist lecker!, Die sind lecker!	~, les croissants!
	le parc [ləpaʀk]	der Park	À Levallois, il y a des ~[2].
	le mur [ləmyʀ]	die Wand, die Mauer	Voilà le ~ de Berlin.
	le mur peint [ləmyʀpɛ̃]	die bemalte Wand	Dans le parc, il y a des ~[3].

le métro [ləmetʀo]	die U-Bahn	À Levallois, il y a le ~.
la Seine [lasɛn]	*Fluss in Frankreich* ▶ Civilisation, p. 107	Voilà la ~.
près de [pʀɛdə]	in der Nähe von	Levallois est ~ Paris.
Paris [paʀi]	*Hauptstadt Frankreichs* ▶ Civilisation, p. 107	À ~, il y a la Seine.

1 croissants **2** parcs **3** murs peints

Unité 3 | Dialogue modèle

p. 32

on [ɔ̃]	man, wir	~ est près de Paris.
on rentre [ɔ̃ʀɑ̃tʀ]	wir gehen nach Hause	Salut, Anissa! ~?

Merke: Im gesprochenen Französisch hörst du selten *nous*. Dafür steht *on*:
On rentre ensemble? Gehen wir zusammen nach Hause?

il rentre / elle rentre [ilʀɑ̃tʀ/ɛlʀɑ̃tʀ]	er/sie geht nach Hause	Voilà Thomas. ~[1].
ensemble [ɑ̃sɑ̃bl]	zusammen	Les amis sont ~.
tu habites [tyabit]	du wohnst	~ près de Paris?
où [u]	wo *Fragewort*	Levallois, c'est ~?
Tu habites où? [tyabitu]	Wo wohnst du?	Et toi? ~?
j'habite [ʒabit]	ich wohne	Moi, ~ près de Berlin.
neuf [nœf]	neun	Nous sommes ~ élèves.

Die Zahlen von 1–10

1 un [ɛ̃]	3 trois [tʀwa]	5 cinq [sɛ̃k]	7 sept [sɛt]	9 neuf [nœf]
2 deux [dø]	4 quatre [katʀ]	6 six [sis]	8 huit [ˈɥit]	10 dix [dis]

l'avenue [lavny] *f.* 🇬🇧 avenue	die Allee *große Straße*	C'est une ~.
l'avenue de l'Europe [lavnydəløʀɔp] *f.*	die Europaallee, *hier:* in der Europaallee	Il habite 9, ~.
C'est où? [sɛu]	Wo ist das?	L'avenue de l'Europe, ~?
entre [ɑ̃tʀ]	zwischen	Le parc est ~ la librairie et le cinéma.
le roller parc [ləʀɔlœʀpaʀk]	der Skatepark	À Levallois, il y a un ~.

ah oui ['awi]	ah ja!	– J'habite à Paris. – ~!
la rue [laʀy]	die Straße	Tu habites aussi ~ Eiffel?
la rue du Parc [laʀydypaʀk]	die Parkstraße, *hier:* in der Parkstraße	Il habite 5, ~.
à côté [akote]	nebenan	Le collège Jean Jaurès? C'est ~.
alors [alɔʀ]	also	~, on rentre?
d'accord [dakɔʀ]	einverstanden	– On rentre? – Oui, ~.

1 Il rentre

Unité 3 | Texte

p. 34 1 **ils habitent / elles habitent** [ilzabit/ɛlzabit]	sie wohnen *Verb auf* -er, *p. 110*	Max et Léa? ~[1] près de Paris.

habiter	j'habite	ich wohne		
[abite]	tu habites	du wohnst	nous habitons	wir wohnen
wohnen	il habite / elle habite	er wohnt / sie wohnt	vous habitez	ihr wohnt / Sie wohnen
	on habite	wir wohnen	ils habitent / elles habitent	sie wohnen

Merke:	J'habite à Levallois.	Ich wohne in Levallois.
	J'habite 5, rue du Parc.	Ich wohne in der Parkstraße 5.
	Et toi? Tu habites où?	Und du? Wo wohnst du?

être de [ɛtʀdə] + *Ortsname*	aus *(Ortsname)* sein	Patricia ~[2] Paris.
Tu es d'où? [tyɛdu]	Woher kommst du?	Et toi? ~?
Marseille [maʀsɛj]	*Stadt in Südfrankreich* ▶ Civilisation, p. 107	Robin est de ~.
il est nouveau [ilɛnuvo]	er ist neu	Voilà Valentin. ~ à Levallois.
elle est nouvelle [ɛlɛnuvɛl]	sie ist neu	C'est Lena. ~ à Levallois.
après [apʀɛ]	danach, nach *zeitlich*	~ le collège, on rentre.
ils rentrent / elles rentrent [ilʀɑ̃tʀ/ɛlʀɑ̃tʀ]	sie gehen nach Hause *Verb auf* -er, *p. 110*	Lola et Sarah? ~[3] ensemble.

rentrer	je rentre	ich gehe nach Hause	nous rentrons	wir gehen nach Hause
[ʀɑ̃tʀe]	tu rentres	du gehst nach Hause	vous rentrez	ihr geht nach Hause /
nach	il rentre / elle rentre	er geht nach Hause /		Sie gehen nach Hause
Hause		sie geht nach Hause	ils rentrent / elles rentrent	sie gehen nach Hause
gehen	on rentre	wir gehen nach Hause		

chercher qc [ʃɛʀʃe]	etw. suchen *Verb auf* -er, *p. 110*	Je ~[4] la rue du Parc.
le club [ləklœb]	der Verein, der Klub	Voilà le ~ de Levallois.
le foot [ləfut] football	Fußball	
le club de foot [ləklœbdəfut]	der Fußballverein	Il y a un ~ à Levallois?
bien sûr [bjɛ̃syʀ]	klar, natürlich	Oui, ~.
Victor Hugo [viktɔʀygo]	*französischer Schriftsteller* ▶ Civilisation, p. 107	
le stade [ləstad]	das Stadion	Le parc est entre le ~ et le cinéma.
la médiathèque [lamedjatɛk]	die Mediathek, *auch:* die Bibliothek	À Levallois, il y a une ~.
Gabriel Péri [gabʀiɛlpeʀi]	*französischer Politiker* ▶ Civilisation, p. 107	
Regarde. [ʀəgaʀd] *imp.*	Sieh mal!, Schau! *Imperativ*	~, un mur peint!
regarder qc [ʀəgaʀde]	etw. ansehen, etw. anschauen *Verb auf* -er, *p. 110*	Ils ~[5] le stade.
même [mɛm]	sogar	Il y a ~ un cinéma.
la tour [latuʀ] tower	der Turm	Dans le parc, il y a une ~.
la tour Eiffel [latuʀɛfɛl]	der Eiffelturm ▶ Civilisation, p. 107	Laurine regarde la ~.
sur [syʀ]	auf	Regarde! Pierre est ~ le mur.
Gustave Eiffel [gystavɛfɛl]	*Erbauer des Eiffelturms* ▶ Civilisation, p. 107	Dans le parc ~, il y a un mur peint.

1 Ils habitent **2** est de **3** Elles rentrent **4** cherche **5** regardent

.34 2 3 4 **qu'est-ce que** [kɛskə]	was *Fragewort*	~ tu regardes?
le navigo [lənavigo]	*Monatskarte für die öffentlichen Verkehrsmittel in Paris*	Je cherche le ~.
Zut! [zyt]	Verflixt!, Mist!	Oh, ~! Le métro.
le bus [ləbys]	der Bus	Regarde, le ~.
le pied [ləpje]	der Fuß	

à pied [apje]	zu Fuß	Vous rentrez ~?
Anatole France [anatɔlfʀɑ̃s]	*französischer Schriftsteller* ▶ Civilisation, p. 107	
le métro Pont de Levallois [ləmetʀopɔ̃dələvalwa]	*Name einer Metrostation*	
Georges Pompidou [ʒɔʀʒpɔ̃pidu]	*französischer Politiker* ▶ Civilisation, p. 107	
la tour [latuʀ]	*hier:* das Hochhaus	Tu habites dans une ~?
avec [avɛk]	mit	Je rentre ~ Melissa.
mais [mɛ]	aber	D'accord, ~ on rentre à pied.
passer par qc [pɑsepaʀ]	bei etw. vorbeigehen *Verb auf* -er, *p. 110*	Nous ~[1] la boulangerie.

[1] passons par

Banque de mots (facultatif) MON QUARTIER | MON VILLAGE | MA VILLE | MEIN VIERTEL | MEIN DORF | MEINE STADT

la mer
[lamɛʀ]

la plage
[laplaʒ]

le lac
[lelak]

le fleuve
[ləflœv]

la montagne
[lamɔ̃taɲ]

la piscine
[lapisin]

la gare
[lagaʀ]

le musée
[ləmyze]

le château
[ləʃɑto]

l'église *f.*
[legliz]

Module B

Die Module A–E sind unabhängige „Bausteine". Sie schließen an den Wortschatz der Unité 2 an.

p. 46	**le vocabulaire** [ləvɔkabylɛʀ]	der Wortschatz	Voilà le ~.
	en classe [ɑ̃klɑs]	im Klassenzimmer	
	le français [ləfʀɑ̃sɛ]	Französisch, *auch: Schulfach*	Le ~, c'est super!
	le français en classe [ləfʀɑ̃sɛɑ̃klɑs]	das Klassenraumfranzösisch	
p. 46 Lied	**fastoche** [fastɔʃ] *fam.*	leicht, einfach	Le collège, c'est ~.
	les jeunes [leʒœn] *m./f. pl.*	die Jugendlichen	Ce sont les ~ de Levallois.
	Comment ça va? [kɔmɑ̃sava]	Wie geht's?	– ~? – Bof!
	alors [alɔʀ]	also	~, comment ça va?
	Écoutez. [ekute] *imp.*	Hört mal!, Hört zu! *Imperativ*	
	Regardez. [ʀəgaʀde] *imp.*	Seht mal!, Schaut!, Sehen Sie mal!, Schauen Sie! *Imperativ*	Coucou, ~!
	le mot [ləmo]	das Wort	«Non» est un ~.
	la phrase [lafʀɑz]	der Satz	«Je ne sais pas.» est une ~.
	Répétez. [ʀepete] *imp.* to repeat	Wiederholt!, Sprecht nach!, Wiederholen Sie!, Sprechen Sie nach! *Imperativ*	~ la phrase!
	la poche [lapɔʃ] pocket	die Tasche	Les livres sont dans la ~.
	C'est dans la poche. [sɛdɑ̃lapɔʃ] *fam.*	Das geht klar.	La sixième, ~!
	toujours [tuʒuʀ]	immer, immer noch	Répétez ~ le vocabulaire.
	Ouvrez. [uvʀe] *imp.*	Öffnet!, Macht auf!, Öffnen Sie!, Machen Sie auf! *Imperativ*	
	le livre [ləlivʀ]	das Buch	C'est dans le ~.
	Cherchez. [ʃɛʀʃe] *imp.*	Sucht!, Suchen Sie! *Imperativ*	Vous êtes à Levallois. ~ le collège.
	la page [lapaʒ] page	die Seite	Ouvrez le livre à la ~ cinq.
	Lisez. [lize] *imp.*	Lest!, Lesen Sie! *Imperativ*	~ le livre.
	Répondez. [ʀepɔ̃de] *imp.*	Antwortet!, Antworten Sie! *Imperativ*	~, les jeunes!
	encore [ɑ̃kɔʀ]	noch	Les élèves sont ~ dans la cour.
	là [la]	da, dort	Et toi? Tu es ~?
	maintenant [mɛ̃tənɑ̃]	jetzt	~, répétez la phrase.

	s'il vous plaît [silvuplɛ]	bitte *für mehrere Personen oder eine Person, die du siezt*	~, madame, vous êtes la surveillante?
	s'il te plaît [siltəplɛ]	bitte *für Personen, die du duzt*	Écoute, ~.
	Fermez. [fɛʀme] *imp.*	Macht zu!, Schließt!, Machen Sie zu!, Schließen Sie! *Imperativ*	~ les livres, s'il vous plaît.
	le cahier [ləkaje]	das Heft	Ouvrez les ~[1].
	Parlez français. [paʀlefʀɑ̃sɛ] *imp.*	Sprecht / Redet französisch!, Sprechen Sie / Reden Sie französisch! *Imperativ*	~, s'il vous plaît.
p. 46 Bild	**une** [yn]	eine *unbestimmer Artikel, weibl. Sg.*	– C'est ~ élève? – Non, c'est la prof de français.
	un [ɛ̃]	ein *unbestimmter Artikel, männl. Sg.*	– C'est qui? – C'est ~ ami.
	la fenêtre [lafənɛtʀ]	das Fenster	Ouvrez la ~, s'il vous plaît.
	l'affiche [lafiʃ] *f.*	das Poster	L'~ de la tour Eiffel est dans la classe.
	le tableau / ! les tableaux [lətablo/letablo]	die Tafel	Le ~ est dans la classe.
	la photo [lafɔto]	das Foto	Regardez les ~[2].
	l'ordinateur [lɔʀdinatœʀ] *m.*	der Computer, der PC	Ce sont les ~[3] de la 6e A.
	la porte [lapɔʀt]	die Tür	Ouvrez la ~, s'il vous plaît.
	la craie [lakʀɛ]	die Kreide	C'est la ~ de Madame Berthe.
	la table [latabl] table	der Tisch	Ce sont les ~ de la 6e B?
	le stylo [ləstilo]	der Stift	Les ~[4] d'Océane sont super!
	la trousse [latʀus]	die Federtasche, das Mäppchen	Les stylos sont dans la ~.
	la chaise [laʃɛz] chair	der Stuhl	Voilà les tables et les ~[5] de la 5e B.
	le sac à dos [ləsakado]	der Rucksack	Ouvrez les ~[6], s'il vous plaît.

1 cahiers **2** photos **3** ordinateurs **4** stylos **5** chaises **6** sacs à dos

p. 46 | 2	**notre** [nɔtʀ]	unser, unsere *Possessivbegleiter, 1. Pers. Pl.*	~ prof de français, c'est Madame Berthe.
	la salle de classe [lasaldəklɑs]	das Klassenzimmer	Voilà la ~ de la 5e A.
	il y a [ilja]	es gibt, *auch:* ist, sind	Dans le collège, ~ une cour.
	des [de]	*unbestimmter Artikel im Pl., im Deutschen steht hier kein Artikel*	Dans la trousse, il y a ~ stylos.

p. 47 1	**des chaises** [deʃɛz] *f. pl.*	Stühle	Dans la salle de classe, il y a des ~.
	les devoirs [ledəvwaʀ] *m. pl.*	die Hausaufgaben	Les ~ de français sont dans le cahier.
	neuf [nœf]	neun	Il y a ~ filles dans la 6e B.
	le numéro [lənymeʀo]	die Nummer	Voilà le ~ neuf.

❗ *Le numéro* ist männlich. „Die Nummer“ ist weiblich.

	Vous pouvez répéter, s'il vous plaît? [vupuveʀepetesilvuplɛ]	Können Sie das bitte wiederholen?	Monsieur, ~?
	je n'ai pas [ʒənɛpɑ] + *Nomen*	ich habe etw. nicht	~ le stylo de Max.
	mon cahier [mɔ̃kaje]	mein Heft	Les devoirs sont dans mon ~.
	Pardon! [paʀdɔ̃] 🇬🇧 pardon	Verzeihung!, Entschuldigung!	~, monsieur!
	Je peux aller aux toilettes? [ʒəpøaleotwalɛt]	Darf ich auf die Toilette gehen?	S'il vous plaît, madame, ~?
p. 47 2	**Je ne comprends pas.** [ʒənəkɔ̃pʀɑ̃pɑ]	Ich verstehe nicht.	
	comment est-ce qu'on dit [kɔmɑ̃ɛskɔ̃di]	wie sagt man *Frage*	~ «Tschüss»?
	en français [ɑ̃fʀɑ̃sɛ]	auf Französisch	«Tschüss!» ~, c'est «Salut!».
	en français, c'est [ɑ̃fʀɑ̃sɛsɛ]	das heißt auf Französisch	«Entschuldigung!» ~ «Pardon!».
	en allemand [ɑ̃nalmɑ̃]	auf Deutsch	La phrase est ~.
	la récré [laʀekʀe] *fam.* **la récréation** [laʀekʀeasjɔ̃] 🇬🇧 recreation	die Pause	Après les cours, c'est la ~.

Unité 4 | Approches

p. 48–49	**ma** [ma]	mein, meine *Possessivbegleiter, 1. Pers. Sg.*	Nathalie, c'est ~ sœur.
	la famille [lafamij]	die Familie	La ~ de Nicolas habite à Levallois.
	mes [me]	meine *Possessivbegleiter, 1. Pers. Pl.*	~ amis sont dans la cour.
	l'enfant [lɑ̃fɑ̃] *m./f.*	das Kind	Christelle a deux ~[1].
	la fille [lafij]	*hier:* die Tochter	Voilà Océane, la ~ de Frédéric.

La fille bedeutet „das Mädchen“ oder „die Tochter“.

mon [mɔ̃]	mein, meine *Possessivbegleiter, 1. Pers. Sg.*	C'est ~ ami.
le fils [ləfis]	der Sohn	Ludovic a deux ~[1].
les parents [lepaʀɑ̃] *m. pl.* parents	die Eltern	Voilà Christelle et Frédéric, ce sont les ~ de Nicolas.
les grands-parents [legʀɑ̃paʀɑ̃] *m. pl.* grandparents	die Großeltern	Mes ~ habitent à Bonn.
la mère [lamɛʀ]	die Mutter	Ma ~ est prof de français.
la grand-mère / ! **les grands-mères** [lagʀɑ̃mɛʀ/legʀɑ̃mɛʀ]	die Großmutter	La mère de ma mère, c'est ma ~[2].
le père [ləpɛʀ]	der Vater	Mon ~ et ma mère sont à Marseille.
le grand-père/ ! **les grands-pères** [ləgʀɑ̃pɛʀ/legʀɑ̃pɛʀ]	der Großvater	Le père de mon père, c'est mon ~[3].
la tante [latɑ̃t]	die Tante	La sœur de ma mère, c'est ma ~.
l'oncle [lɔ̃kl] *m.*	der Onkel	Le frère de ma mère, c'est mon ~.
le cousin / la cousine [ləkuzɛ̃/lakuzin]	der Cousin / die Cousine	J'ai deux ~[4]: Mathieu et Sylvain.

1 enfants 2 grand-mère 3 grand-père 4 cousins

Unité 4 | Dialogue modèle

p. 50 **tu as** [tya]	du hast	~ cinq sœurs?!
des frères et sœurs [defʀɛʀesœʀ]	Geschwister	Tu as des ~?
la question [lakɛstjɔ̃] question	die Frage	Tu as une ~?
l'âge [lɑʒ] *m.* age	das Alter	C'est mon ~.
Tu as quel âge? [tyakɛlɑʒ]	Wie alt bist du?	Et toi, ~?
j'ai [ʒɛ]	ich habe	~ deux grands-pères.
onze ['ɔ̃z]	elf	Il y a ~ élèves dans la cour.

Die Zahlen von 11–20

11 onze ['ɔ̃z]	14 quatorze [katɔʀz]	17 dix-sept [disɛt]	20 vingt [vɛ̃]
12 douze [duz]	15 quinze [kɛ̃z]	18 dix-huit [dizɥit]	
13 treize [tʀɛz]	16 seize [sɛz]	19 dix-neuf [diznœf]	

l'an [lɑ̃] *m.*	das Jahr	Mon âge: douze ~[1].
J'ai onze ans. [ʒɛɔ̃zɑ̃]	Ich bin elf (Jahre alt).	– Tu as quel âge? – ~.
l'adresse [ladʀɛs] *f.*	die Adresse	
mon adresse, c'est [mɔ̃nadʀɛssɛ]	meine Adresse ist	~ 9, avenue de l'Europe.
il s'appelle / elle s'appelle [ilsapɛl/ɛlsapɛl]	er heißt / sie heißt	C'est mon grand-père. ~[2] Karl.
ils s'appellent / elles s'appellent [ilsapɛl/ɛlsapɛl]	sie heißen	~[3] comment, les filles?
l'animal / ! les animaux [lanimal/lezanimo] *m.* 🇬🇧 animal	das Tier	Ce sont mes ~[4].
le chat [ləʃa] 🇬🇧 cat	die Katze	Ton ~ s'appelle Mercure?
Réglisse [ʀegliz]	*Name der Katze, wörtl.: Lakritze*	Mon chat s'appelle ~.
merci [mɛʀsi]	danke	~, monsieur.
À toi. [atwa]	Du bist dran.	Alors, ~!
maintenant [mɛ̃tənɑ̃]	jetzt	Nous rentrons ~.

1 ans **2** Il s'appelle **3** Elles s'appellent **4** animaux

p. 51 | 4 **le chien** [ləʃjɛ̃]	der Hund	C'est mon ~ Confetti.
le cochon d'Inde [ləkɔʃɔ̃dɛ̃d]	das Meerschweinchen	J'ai un chien et deux ~[1].
le hamster [lə'amstɛʀ]	der Hamster	C'est mon ~.

Merke: Der bestimmte Artikel *le* wird vor *hamster* nicht verkürzt.

la perruche [lapeʀyʃ]	der Wellensittich	Tu as aussi une ~?
la tortue [latɔʀty]	die Schildkröte	Je cherche ma ~.

1 cochons d'Inde

Banque de mots (facultatif) LES ANIMAUX | DIE TIERE

la vache
[lavaʃ]

le cheval
[ləʃəval]

le rat
[ləʀa]

la souris
[lasuʀi]

la poule
[lapul]

le serpent
[ləsɛʀpɑ̃]

le poisson rouge
[ləpwasɔ̃ʀuʒ]

l'araignée *f.*
[laʀeɲe]

le perroquet
[ləpeʀɔkɛ]

le lapin
[ləlapɛ̃]

Unité 4 | Texte

p. 52 1	**ça** [sa]	das	~, c'est mon frère!
	le nom [lənɔ̃]	der Name	Mon ~, c'est Thomas.
	travailler [tʀavaje]	arbeiten *Verb auf* -er, *p. 110*	Mon père ~[1] à Paris.
	le sport [ləspɔʀ]	der Sport	Voilà ma prof de ~.
	le prof de sport / la prof de sport [ləpʀɔfdəspɔʀ/lapʀɔfdəspɔʀ]	der Sportlehrer / die Sportlehrerin	Mon père est ~[2].
	il a / elle a / on a [ila/ɛla/ɔ̃na]	er hat / sie hat / man hat / wir haben	C'est Melda. ~[3] cinq cousins.

avoir qc [avwaʀ] etw. haben	j'ai	ich habe	nous avons	wir haben
	tu as	du hast	vous avez	ihr habt / Sie haben
	il a / elle a	er hat / sie hat	ils ont / elles ont	sie haben
	on a	man hat / wir haben		

le copain / la copine [ləkɔpɛ̃/lakɔpin] *fam.*	der Freund / die Freundin	Mon ~[4], c'est Thomas.
en Allemagne [ɑ̃nalmaɲ]	in Deutschland	Berlin, c'est ~.

Merke: J'habite **à** Berlin. — Ich wohne **in** Berlin.
J'habite **en** Allemagne. — Ich wohne **in** Deutschland.

parler [paʀle]	reden, sprechen *Verb auf* -er, *p. 110*	Nous ~[5] avec la prof de français.
bien [bjɛ̃] *adv.*	gut *Adverb*	Il parle ~.
allemand [almɑ̃]	deutsch *hier: Adverb*	Vous parlez bien ~.
parler allemand [paʀlealmɑ̃]	Deutsch sprechen	Mon frère ~[6].
français [fʀɑ̃sɛ]	französisch *hier: Adverb*	On parle ~.
parler français [paʀlefʀɑ̃sɛ]	Französisch sprechen	Tu ~[7]?
Ils ont quel âge? / Elles ont quel âge? [ilzɔ̃kɛlɑʒ/ɛlzɔ̃kɛlɑʒ]	Wie alt sind sie?	Tes frères, ~[8]?
À plus! [aplys]	Bis bald!	Salut, ~!

1 travaille **2** prof de sport **3** Elle a **4** copain **5** parlons **6** parle allemand **7** parles français **8** ils ont quel âge

p. 52 **2**	**chanter** [ʃɑ̃te]	singen *Verb auf* -er, *p. 110*	Vous ~[1] bien!
	la nuit [lanɥi]	die Nacht, *hier:* nachts	La ~, tu passes par le parc?!
	C'est l'horreur! [sɛlɔʀœʀ]	Das ist furchtbar!	Ils ont dix perruches. ~!
	Flûte [flyt]	*Name des Meerschweinchens, wörtl.: Flöte*	Mon cochon d'Inde s'appelle ~.
	sympa [sɛ̃pa] *adj. fam.* **sympathique** [sɛ̃patik] *adj.*	sympathisch, nett *Adjektiv*	Voilà mon copain Nathan. Il est ~.
	Non? [nɔ̃]	Oder?, Nicht?	Tu as quatorze ans, ~?
	ta [ta]	dein/e *Possessivbegleiter, 2. Pers. Sg.*	~ mère a une librairie?
	ton [tɔ̃]	dein/e *Possessivbegleiter, 2. Pers. Sg.*	~ père a une boulangerie?
	tes [te]	deine *Possessivbegleiter, 2. Pers. Pl.*	~ parents travaillent à Paris?
	P.-S. [peɛs]	PS *Nachtrag in Brief oder E-Mail*	~ Tu as une copine?

1 chantez

p. 52 **3**	**sa** [sa]	sein, seine, ihr, ihre *Possessivbegleiter, 3. Pers. Sg.*	~ tante travaille à Paris.
	son [sɔ̃]	sein, seine, ihr, ihre *Possessivbegleiter, 3. Pers. Sg.*	~ oncle a un cybercafé.
	Pistache [pistaʃ]	*Name der Katze, wörtl.: Pistazie*	Le nom de son chat, c'est ~.
	ses [se]	seine, ihre *Possessivbegleiter, 3. Pers. Pl.*	Il cherche ~ perruches.
	Parle plus fort! [paʀlplyfɔʀ]	Sprich lauter!	Marie, ~!
	un peu [ɛ̃pø]	ein wenig, ein bisschen	Elle parle ~ allemand.

Banque de mots (facultatif) **MA FAMILLE, C'EST TOUT ÇA! | DAS IST MEINE GANZE FAMILIE!**

le petit frère [ləpətifʀɛʀ]	**le grand frère** [ləgʀɑ̃fʀɛʀ]	**la petite sœur** [lapətitsœʀ]	**la grande sœur** [lagʀɑ̃dsœʀ]
le demi-frère [lədəmifʀɛʀ] der Halbbruder	**la demi-sœur** [ladəmisœʀ] die Halbschwester	**le beau-père** [ləbopɛʀ] der Stiefvater	**la belle-mère** [labɛlmɛʀ] die Stiefmutter

Je n'ai pas de frères et sœurs.
[ʒənɛpɑdəfʀɛʀesœʀ]
Ich habe keine Geschwister.

Mes parents ne vivent pas ensemble.
[mepaʀɑ̃nəvivpɑzɑ̃sɑ̃bl]
Meine Eltern leben getrennt.

Module C

Die Module A–E sind unabhängige „Bausteine". Sie schließen an den Wortschatz der Unité 2 an.

p. 66–67 1 – 10

le hobby / les hobbys [lə'ɔbi/le'ɔbi]	das Hobby	Les ~[1] d'Océane?

Merke: Der bestimmte Artikel *le* wird vor *hobby* nicht verkürzt.
Le hobby de mon frère, c'est le VTT.

qu'est-ce que [kɛskə]	was *Fragewort*	~ c'est?
tu aimes [tyɛm] + *Nomen*	du magst jdn/etw.	~ le volley, non?
Qu'est-ce que tu aimes? [kɛskətyɛm]	Was magst du?	Et toi? ~?
Qu'est-ce que tu n'aimes pas? [kɛskətynɛmpɑ]	Was magst du nicht?	Qu'est-ce que tu aimes? Et ~?
alors [alɔʀ]	also	~, comment ça va?
j'aime [ʒɛm] + *Nomen*	ich mag, liebe jdn/etw.	~ les filles de Levallois.
j'aime bien [ʒɛmbjɛ̃] + *Nomen*	ich mag jdn/etw. gerne	~ le collège.
le basket [ləbaskɛt]	Basketball	J'aime bien le ~.
j'adore [ʒadɔʀ] + *Nomen*	ich mag jdn/etw. sehr, ich finde jdn/etw. toll	~ Madame Berthe.
le foot [ləfut] 🇬🇧 football	Fußball	Alors moi, j'aime bien le ~.

moi aussi [mwaosi]	ich auch	– Je suis en cinquième. – ~.
je n'aime pas [ʒənɛmpɑ] + *Nomen*	ich mag jdn/etw. nicht	~ la rentrée.
le sport [ləspɔʀ]	der Sport	Voilà la prof de ~.
le ping-pong [ləpiŋpɔ̃g]	Tischtennis	Moi, je n'aime pas le ~.
l'animal / ! les animaux [lanimal/lezanimo] *m.* animal	das Tier	Anissa adore les ~[2].
le VTT / ! les VTT [ləvetete/levetete]	das Mountainbike	C'est le ~ de Monsieur Moreau.
le patinage [ləpatinaʒ]	das Schlittschuhlaufen	Moi aussi, j'aime le ~.
je n'aime pas trop [ʒənɛmpɑtʀo] + *Nomen*	ich mag jdn/etw. nicht besonders	~ le surveillant.
le volley [ləvɔlɛ]	Volleyball	J'aime bien ~.
moi non plus [mwanɔ̃ply]	ich auch nicht	– Je n'aime pas le patinage. – ~.

1 hobbys **2** animaux

p. 66–67
11 – 19

le livre [ləlivʀ]	das Buch	Je n'aime pas trop les ~[1].
la bédé [labede]	der Comic	J'adore les ~[2].
le copain / la copine [ləkɔpɛ̃/lakɔpin] *fam.*	der Freund / die Freundin	Marie est la ~[3] de Laurine.
mes copains / mes copines [mekɔpɛ̃/mekɔpin] *pl.*	meine Freunde / meine Freundinnen	Thomas et Frank, ce sont mes ~[4].
le portable [ləpɔʀtabl]	das Handy	Voilà le ~ de Marie.
mon portable [mɔ̃pɔʀtabl]	mein Handy	Et voilà ~.
le texto [lətɛksto]	die SMS	J'aime les ~[5].
l'ordinateur [lɔʀdinatœʀ] *m.*	der Computer, der PC	Voilà les ~[6] de la 5e B.
la danse [ladɑ̃s] dance	das Tanzen, der Tanz	Moi aussi, j'aime la ~.
j'aime beaucoup [ʒɛmboku] + *Nomen*	ich mag jdn/etw. sehr	~ les croissants.
la console [lakɔ̃sɔl]	die (Spiel-)Konsole	Ce sont mes ~[7].
le jeu vidéo / ! les jeux vidéo [ləʒøvideo/leʒøvideo]	das Videospiel	– Qu'est-ce que tu aimes? – Les consoles et les ~[8].
le rap [ləʀap]	der Rap	Océane aime le ~.
je déteste [ʒədetɛst] + *Nomen*	ich hasse jdn/etw.	~ la danse.

mais [mɛ]	aber	J'aime le collège, ~ je n'aime pas trop la cour.
la musique [lamyzik]	die Musik	Elle n'aime pas la ~ de Soha.
Soha [soa]	*französische Sängerin* ▶ Civilisation, p. 107	
le chat [ləʃa] 🇬🇧 cat	die Katze	Luna, c'est le ~ de Max.
mon chat [mɔ̃ʃa]	meine Katze	Mercure, c'est ~.

1 livres **2** bédés **3** copine **4** copains **5** textos **6** ordinateurs **7** consoles **8** jeux vidéo

Banque de mots (facultatif) LES HOBBYS | HOBBYS

le vélo [ləvelo]

l'équitation *f.* [lekitasjɔ̃]

le badminton [ləbadmintɔn]

l'athlétisme *m.* [latletism]

le hand(ball) [lə'ɑ̃d(bal)]

le ski [ləski]

la natation [lanatasjɔ̃]

l'escalade *f.* [lɛskalad]

le théâtre [ləteɑtʀ]

le judo [ləʒydo]

Unité 5 | Approches

p. 68 **chez** [ʃe]	bei	Nous sommes ~ les Fournier.
la chambre [laʃɑ̃bʀ]	das (Schlaf-)Zimmer	C'est ma ~!
l'armoire [laʀmwaʀ] *f.*	der Schrank	Dans ma chambre, il y a une ~.
sous [su]	unter	Le chat est ~ l'armoire.
la boîte [labwat]	die Schachtel	Dans mon armoire, il y a des ~[1].
souvent [suvɑ̃]	oft	Je suis ~ dans ma chambre.
devant [dəvɑ̃]	vor *räumlich*	~ le collège, il y a deux filles.

le miroir [ləmiʀwaʀ] mirror	der Spiegel	J'ai deux ~[2] dans ma chambre.
la photo [lafɔto]	das Foto	Je cherche les ~[3] de mon collège.
le lit [ləli]	das Bett	Dans ta chambre, il y a deux ~[4]?
le lecteur mp3 [ləlɛktœʀɛmpetʀwa]	der MP3-Player	C'est le ~ de ma sœur.
la chaise [laʃɛz] chair	der Stuhl	Le cochon d'Inde est sur la ~.

1 boîtes 2 miroirs 3 photos 4 lits

p. 69 **le livre** [ləlivʀ]	das Buch	Il y a des ~[1] sur ton lit.
l'étagère [letaʒɛʀ] *f.*	das Regal	Sur l'~, il y a des livres.
à droite [adʀwat]	rechts	~, il y a mon lit.
la porte [lapɔʀt]	die Tür	Le chat est devant la ~?
le VTT / ! les VTT [ləvetete / levetete]	das Mountainbike	C'est le ~ de mon cousin.
derrière [dɛʀjɛʀ]	hinter	Le chat est ~ l'armoire.
le poster [ləpɔstɛʀ]	das Poster	Dans ma chambre, il y a trois ~[2].
le DVD / ! les DVD [lədevede/ledevede]	die DVD	Ce sont les ~ de mon frère.
l'ordinateur [lɔʀdinatœʀ] *m.*	der Computer, der PC	Dans ma chambre, il y a un ~.
la console [lakɔ̃sɔl]	die (Spiel-)Konsole	La ~ est sous le lit.
le bureau / ! les bureaux [ləbyʀo/lebyʀo]	der Schreibtisch	Sur le ~[3], il y a des livres.
à gauche [agoʃ]	links	~, il y a mon lit.

le manga [ləmɑ̃ga]	das Manga *japanischer Comic*	Sur l'étagère, il y a aussi des ~[4].

1 livres 2 posters 3 bureau 4 mangas

Unité 5 | Dialogue modèle

p. 72 **je n'ai pas mon/ma/mes** [ʒənɛpɑmɔ̃/ma/me] + *Nomen*	ich habe meinen/meine/ mein … nicht	~[1] lecteur mp3.
le sac [ləsak]	die Tasche	Il cherche son ~.
le sac de sport [ləsakdəspɔʀ]	die Sporttasche	Ton ~ est sous le lit.
allô [alo]	hallo *Mit «Allô.» meldet man* sich *in Frankreich am Telefon.*	~? C'est qui?
Écoute. [ekut] *imp.*	Hör mal!, Hör zu! *Imperativ*	~, maman.
écouter qn/qc [ekute]	jdm zuhören, etw. anhören *Verb auf* -er, *p. 110*	Tu ~[2]?
tu m'énerves [tymenɛʀv]	du nervst mich	Papa, ~!
O.K. [ɔke] 🇬🇧 OK	okay, o.k.	– On passe par la boulangerie? – ~.
regarder [ʀəgaʀde]	*hier:* nachsehen *Verb auf* -er, *p. 110*	Tu ~[3] dans la chambre?
s'il te plaît [siltəplɛ]	bitte *für Personen, die du duzt*	Écoute, ~.
s'il vous plaît [silvuplɛ]	bitte *für mehrere Personen oder eine Person, die du siezt*	Bonjour, madame! Deux croissants, ~.
à côté de qn/qc [akotedə]	neben jdm/etw.	~ l'armoire, il y a le lit.
le CD / ! les CD [ləsede/lesede]	die CD	J'ai un ~ pour Sarah.

les DVD

les VTT

les CD

Merke: Schreibe diese Wörter im Plural ohne -s.

à droite de qn/qc [adʀwatdə]	rechts von jdm/etw.	Regardez ~ l'ordinateur.
le couloir [ləkulwaʀ]	der Flur	Regardez dans le ~.

1 Je n'ai pas mon **2** écoutes **3** regardes

super sympa [sypɛʀsɛ̃pa] *adj. fam.*	supernett *Adjektiv*	Son chien est ~.
p. 73 | 3 ! **les toilettes** [letwalɛt] *f. pl.*	die Toilette	Où sont les ~ des filles?

à gauche de qn/qc [agoʃdə]	links von jdm/etw.	~ l'armoire, il y a un miroir.

	du lit
à côté	du bureau
à gauche	de la porte
à droite	de l'armoire
	des CD/DVD
	des toilettes

Unité 5 | Texte

p. 74 1 2 **la clé** [lakle] key	der Schlüssel	Mon père cherche ses ~[1].
la cuisine [lakɥizin]	die Küche	Nous sommes dans la ~.
le cours [ləkuʀ]	der Unterricht, *auch:* der Kurs	C'est le ~ de Monsieur Renoir.
avoir cours [avwaʀkuʀ]	Unterricht haben	Ils sont là, ils ~[2] chez Madame Honoré.
à dix heures [adizœʀ]	um zehn (Uhr)	Ils rentrent ~.
manger qc [mɑ̃ʒe] ! **nous mangeons**	etw. essen *Verb auf* -er, *p. 110*	Les Fournier ~[3] dans la cuisine.
la tartine [lataʀtin]	das Butterbrot, das belegte Brot	Tu manges une ~?
le salon [ləsalɔ̃]	das Wohnzimmer	Le chat est dans le ~.
comme [kɔm]	wie	«A» ~ armoire.
toujours [tuʒuʀ]	immer, immer noch	À dix heures, je mange ~ une tartine.
comme toujours [kɔmtuʒuʀ]	wie immer	Nous rentrons ensemble, ~?

1 clés **2** ont cours **3** mangent

p. 74 3 4 5 **des** [de]	*zusammengezogener Artikel im Pl. (aus* de *und* les*)*	À côté ~ livres, il y a mon lecteur mp3.
là [la]	da, dort	~, ce sont les DVD de Nicolas.
du [dy]	*zusammengezogener Artikel, männl. Sg. (aus* de *und* le*)*	J'habite près ~ stade.
ce soir [səswaʀ]	heute Abend	~, je mange chez Lucie.
ranger qc [ʀɑ̃ʒe] ! **nous rangeons**	etw. aufräumen *Verb auf* -er, *p. 110*	Ce soir, on ~[1] le salon.
la salle de bains [lasaldəbɛ̃]	das Badezimmer	– Où est Léo? – Dans la ~.

Qui est ...? [kiɛ]	Wer ist ...?	~ dans les toilettes?
Dépêche-toi. [depɛʃtwa] *imp.*	Beeil dich! *Imperativ*	Sophie, ~.

Regarde. Schau!

Écoute. Hör zu!

Mange. Iss!

l'appartement [lapaʀtəmɑ̃] *m.*	die Wohnung	Voilà l'~ des Fournier.

1 range

Banque de mots (facultatif) MA CHAMBRE | MEIN ZIMMER

le fauteuil [ləfotœj]

le hamac [lə'amak]

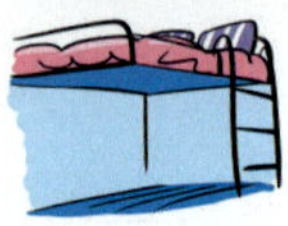
le lit mezzanine [ləlimɛdzanin]

la piscine [lapisin]

le balcon [ləbalkɔ̃]

le palmier [ləpalmje]

le globe [ləglɔb]

la cage [lakaʒ]

l'aquarium *m.* [lakwaʀjɔm]

le panier de basket [ləpanjedəbaskɛt]

Module D

Die Module A–E sind unabhängige „Bausteine". Sie schließen an den Wortschatz der Unité 2 an.

p. 86 | 1	**le magasin** [ləmagazɛ̃]	das Geschäft	Les ~[1] de Levallois sont super!
	un [ɛ̃]	ein *unbestimmter Artikel, männl. Sg.*	Robin est ~ ami de Nicolas.
	une [yn]	eine *unbestimmter Artikel, weibl. Sg.*	– C'est ~ prof? – Non, c'est ~ surveillante.

la boulangerie [labulɑ̃ʒʀi]	die Bäckerei	Voilà les ~[2] de Levallois.
le croissant [ləkʀwasɑ̃]	das Croissant	Un ~? Oui merci, super!
le pain au chocolat [ləpɛ̃oʃɔkɔla]	das Schokocroissant	Miam, un ~!
la brioche [labʀijɔʃ]	die Brioche *französisches Hefegebäck*	À la boulangerie, il y a des ~[3].
la baguette [labagɛt]	das Baguettebrot	– Une ~, Madame Guillaume? – Oui, et un croissant.
le bureau de tabac [ləbyʀodətaba]	der Kiosk *verkauft u.a. Briefmarken, Zeitungen und Tabakwaren*	– Où est le ~? – Je ne sais pas.
le journal / ! les journaux [ləʒuʀnal/leʒuʀno]	die Zeitung	«Le Monde» et «Le Figaro», ce sont des ~[4].
le magazine [ləmagazin] 🇬🇧 magazine	die Zeitschrift	«Okapi» et «Je Bouquine», ce sont des ~[5].
des [de] *m./f. pl.*	*unbestimmter Artikel im Pl., im Deutschen steht hier kein Artikel*	– C'est qui? – Ce sont ~ élèves de la 5e B.
le chewing-gum / les chewing-gums [ləʃwiŋgɔm/leʃwiŋgɔm]	der Kaugummi	Les ~[6] de Robin sont super!
la carte postale [lakaʀtpɔstal]	die Postkarte	Voilà une ~ de Paris.
le timbre [lətɛ̃bʀ]	die Briefmarke	C'est un ~.

1 magasins 2 boulangeries 3 brioches 4 journaux 5 magazines 6 chewing-gums

p. 86 | 3	**je voudrais** [ʒəvudʀɛ] + *Nomen*	ich möchte, ich hätte gern etw.	~ un pain au chocolat.
	deux [dø]	zwei	Je voudrais ~ croissants.

Die Zahlen von 1–10

1 un [ɛ̃]	3 trois [trwa]	5 cinq [sɛ̃k]	7 sept [sɛt]	9 neuf [nœf]
2 deux [dø]	4 quatre [katʀ]	6 six [sis]	8 huit ['ɥit]	10 dix [dis]

Et avec ça? [eavɛksa]	Noch etwas?	~? Des chewing-gums?
C'est tout. [sɛtu]	Das ist alles.	Merci, ~.
Ça fait combien? [safɛkɔ̃bjɛ̃]	Wie viel kostet das?	Un timbre, ~?
ça fait [safɛ] + *Preisangabe*	das kostet, das macht	~ dix euros, madame.
l'euro [løʀo] *m.*	der Euro	Un pain au chocolat, ça fait un ~.

le centime [ləsɑ̃tim]	der Cent	Ça fait neuf euros et dix ~[1], monsieur.

un euro

un centime

vingt euros et cinquante centimes

▶ Die Zahlen bis 100 findest du auf S.109

1 centimes

Module E

Die Module A–E sind unabhängige „Bausteine". Sie schließen an den Wortschatz der Unité 2 an.

p. 87 1 2	**à table** [atabl]	zu Tisch, beim Essen	Nous sommes ~.
	Servez-vous! [sɛʀvevu] *imp.*	Bedient euch!, Nehmt euch!, Bedienen Sie sich!, Nehmen Sie sich!	À table! ~!
	l'enfant [lɑ̃fɑ̃] *m./f.*	das Kind	Hugo et Mona sont les ~[1] de Zoé.
	Bon appétit! [bɔnapeti] **Bon app'!** [bɔnap] *fam.*	Guten Appetit!	– Servez vous! – ~!
	tu me passes [tyməpɑs] + *Nomen* to pass	gibst du mir, reichst du mir etw.	~ la baguette?
	la salade [lasalad]	der Salat	Une ~ et une baguette, ça fait combien?
	s'il te plaît [siltəplɛ]	bitte *für Personen, die du duzt*	Tu me passes la baguette, ~?
	s'il vous plaît [silvuplɛ]	bitte *für mehrere Personen oder eine Person, die du siezt*	~, madame, vous êtes la surveillante?
	merci [mɛʀsi]	danke	~, papa.
	Qu'est-ce qu'il y a? [kɛskilja]	Was gibt es?	~ dans la cour?
	pour moi [puʀmwa]	für mich	La carte postale est ~.
	Excusez-moi. [ɛkskyzemwa] excuse me	Entschuldigt!, Entschuldigen Sie!	~, madame!
	Je suis en retard. [ʒəsɥizɑ̃ʀətaʀ]	Ich bin zu spät.	Excusez-moi, ~.
	Ça sent bon. [sasɑ̃bɔ̃]	Das riecht gut!	Miam, ~!

Qu'est-ce que c'est? [kɛskəsɛ] Was ist das? Un collège? ~?

1 enfants

Banque de mots (facultatif) **À TABLE | BEIM ESSEN**

l'assiette *f.* [lasjɛt]

la fourchette [lafuʀʃɛt]

le couteau [ləkuto]

la cuillère [lakɥijɛʀ]

le verre [ləvɛʀ]

le sel [ləsɛl]

le sucre [ləsykʀ]

le pain [ləpɛ̃]

le beurre [ləbœʀ]

la carafe d'eau [lakaʀafdo]

Solutions | Lösungen

Unité 2

p. 21/2a *Vous* steht für „ihr" bei Personen, die man duzt.
Es bedeutet „Sie" bei Personen, die man siezt.

p. 21/2b Du verwendest *ils* („sie", Personalpronomen, 3. Person Plural), wenn du von mehreren männlichen Personen sprichst.
Du benutzt *ils* auch, wenn du von mehreren männlichen und weiblichen Personen sprichst.
Du verwendest *elles*, wenn du von mehreren weiblichen Personen sprichst.

Unité 4

p. 49/2 1 *les enfants,* 2 *la cousine,* 3 *la tante,* 4 *la mère,* 5 *la fille,* 6 *le frère,* 7 *le grand-père,* 8 *la mère,* 9 *les cousins,* 10 *la tante,* 11 *le père,* 12 *l'oncle,* 13 *la grand-mère,* 14 *l'oncle,* 15 *les parents,* 16 *la sœur,* 17 *le fils,* 18 *le cousin,* 19 *la fille,* 20 *les grands-parents*

Le Rap du verbe *avoir*, (p. 55/6)

J'ai,
tu as,
il a, elle a, on a,
nous avons,
vous avez,
ils ont,
elles ont.
J'ai 13 ans,
tu as douze ans,
il a un chat,
elle a un chien,
on a des copains,
nous avons un frère,
vous avez une sœur,
ils ont des frères et sœurs,
elles ont des frères et sœurs.

LISTE ALPHABÉTIQUE FRANÇAIS-ALLEMAND | FRANZÖSISCH-DEUTSCHE WORTLISTE

Hier findest du alle Wörter, die du in *À toi! 1A* lernst. Die Angabe hinter dem Pfeil (→) verweist auf die Unité, in der die Vokabel zum ersten Mal vorkommt:
→ 2/A = Unité 2/Approches, → 2/D = Unité 2/Dialogues modèles, → 2/T = Unité 2/Texte, → MA = Module A.
Verben mit unregelmäßiger oder besonderer Konjugation sind rot hervorgehoben. Die Konjugation der Verben findest du auf Seite 110 und beim jeweiligen Verb in der Liste des mots, p. 112–137.

A

à [a] in → 2/A
à côté [akote] nebenan → 3/D; **à côté de qn/qc** [akotedə] neben jdm/etw. → 5/D
à dix heures [adizœʀ] um zehn Uhr → 5/T
à droite (de qn/qc) [adʀwatdə] rechts (von jdm/etw.) → 5/A, → 5/D
à gauche (de qn/qc) [agoʃdə] links (von jdm/etw.) → 5/A, → 5/D
à pied [apje] zu Fuß → 3/T
À plus! [aplys] Bis bald! → 4/T
à table [atabl] zu Tisch, beim Essen → ME
À toi. [atwa] Du bist dran. → 4/D
l' **adresse** [ladʀɛs] *f.* die Adresse → 4/D
l' **affiche** [lafiʃ] *f.* das Poster → MB
l' **âge** [lɑʒ] *m.* das Alter → 4/D; **Tu as quel âge?** [tyakɛlɑʒ] Wie alt bist du? → 4/D
allemand [almɑ̃] deutsch → 4/T
Allô? [alo] Hallo? *am Telefon* → 5/D
alors [alɔʀ] also → 3/D, → MB, → MC
l' **alphabet** [lalfabɛ] *m.* das Alphabet → MA
l' **ami** *m.* / l'**amie** *f.* [lami] der/die Freund/in → 2/T
l' **an** [lɑ̃] *m.* das Jahr → 4/D; **J'ai onze ans.** [ʒɛɔ̃zɑ̃] Ich bin elf Jahre alt. → 4/D
l' **animal** *m.* / les **animaux** *pl.* [lanimal/lezanimo] das Tier → 4/D, → MC
l' **appartement** [lapaʀtəmɑ̃] *m.* die Wohnung → 5/T
après [apʀɛ] danach, nach *zeitlich* → 3/T
l' **armoire** [laʀmwaʀ] *f.* der Schrank → 5/A
Au revoir. [ɔʀəvwaʀ] Auf Wiedersehen. → 1/T
aussi [osi] auch → 3/A; **moi aussi** [mwaosi] ich auch → MC
avec [avɛk] mit → 3/T
l' **avenue** [lavny] *f.* die Allee → 3/D
avoir qc [avwar] etw. haben → 4/D *Konjugation S. 110*; **avoir cours** [avwaʀkuʀ] Unterricht haben → 5/T; **J'ai onze ans.** [ʒɛɔ̃zɑ̃] Ich bin elf Jahre alt. → 4/D; **je n'ai pas** [ʒənɛpɑ] + *Nomen* ich habe etw. nicht → MB

B

la **baguette** [labagɛt] das Baguettebrot → MD
le **basket** [ləbaskɛt] Basketball → MC
la **bédé** [labede] der Comic → MC
bien [bjɛ̃] *adv.* gut → 4/T
bien sûr [bjɛ̃syʀ] klar, natürlich → 3/T
Bof! [bɔf] *fam.* Na ja. → 1/T
la **boîte** [labwat] die Schachtel → 5/A
Bon appétit! [bɔnapeti], **Bon app'!** [bɔnap] *fam.* Guten Appetit! → ME; **Ça sent bon.** [sasɑ̃bɔ̃] Das riecht gut! → ME
Bonjour! [bɔ̃ʒuʀ] Guten Tag!, Guten Morgen! → 1/T
la **boulangerie** [labulɑ̃ʒʀi] die Bäckerei → 3/A, → MD
la **brioche** [labʀijɔʃ] die Brioche → MD
le **bureau** / les **bureaux** *pl.* [ləbyʀo/lebyʀo] der Schreibtisch → 5/A; le **bureau de tabac** [ləbyʀodətaba] der Kiosk → MD
le **bus** [ləbys] der Bus → 3/T

C

ça [sa] das → 4/T; **ça fait** [safɛ] + *Preisangabe* das kostet, das macht → MD; **Ça sent bon.** [sasɑ̃bɔ̃] Das riecht gut! → ME; **Et avec ça?** [eavɛksa] Noch etwas? → MD
Ça va. [sava] Gut. → 1/T; **Ça va?** [sava] Wie geht's? → 1/T; **Comment ça va?** [kɔmɑ̃sava] Wie geht's? → MB
le **cahier** [ləkaje] das Heft → MB
la **carte postale** [lakaʀtpɔstal] die Postkarte → MD
le **CD** / les **CD** *pl.* [ləsede/lesede] die CD → 5/D
ce soir [səswaʀ] heute Abend → 5/T
le **centime** [ləsɑ̃tim] der Cent → MD
c'est [sɛ] es ist, das ist → 2/A; **C'est qui?** [sɛki] Wer ist das? → 2/A; **ce sont** [səsɔ̃] das sind → 2/T; **C'est bon!** [sɛbɔ̃] Das ist lecker!, Die sind lecker! → 3/A; **C'est l'horreur!** [sɛlɔʀœʀ] Das ist furchtbar! → 4/T; **C'est où?** [sɛu] Wo ist das? → 3/D; **C'est tout.** [sɛtu] Das ist alles. → MD
la **chaise** [laʃɛz] der Stuhl → 5/A, → MB
la **chambre** [laʃɑ̃bʀ] das (Schlaf-) Zimmer → 5/A
chanter [ʃɑ̃te] singen → 4/T
le **chat** [ləʃa] die Katze → 4/D, → MC
chercher qc [ʃɛʀʃe] etw. suchen → 3/T
le **chewing-gum** / les **chewing-gums** *pl.* [ləʃwiŋgɔm/leʃwiŋgɔm] der Kaugummi → MD
chez [ʃe] bei → 5/A
le **chien** [ləʃjɛ̃] der Hund → 4/D
le **cinéma** [ləsinema] das Kino → 3/A

la **cinquième** [lasɛ̃kjɛm] die siebte Klasse *wörtl.: die fünfte* → 2/D

la **classe** [laklas] die Klasse, das Klassenzimmer → 2/D; **en classe** [ɑ̃klas] im Klassenzimmer → MB; le **français en classe** [ləfʀɑ̃sɛɑ̃klas] das Klassenraumfranzösisch → MB; la **salle de classe** [lasaldəklas] das Klassenzimmer → MB

la **clé** [lakle] der Schlüssel → 5/T

le **club** [ləklœb] der Verein, der Klub → 3/T; le **club de foot** [ləklœbdəfut] der Fußballverein → 3/T

le **cochon d'Inde** [ləkɔʃɔ̃dɛ̃d] das Meerschweinchen → 4/D

le **collège** [ləkɔlɛʒ] das Collège *Schultyp* → 2/A

comme [kɔm] wie → 5/T; **comme toujours** [kɔmtuʒuʀ] wie immer → 5/T

comment (est-ce que) [kɔmɑ̃] wie *Fragewort* → 2/D; **Comment ça va?** [kɔmɑ̃sava] Wie geht's? → MB; **comment est-ce qu'on dit** [kɔmɑ̃ɛskɔ̃di] wie sagt man → MB; **Tu t'appelles comment?** [tytapɛlkɔmɑ̃] Wie heißt du? → 2/D

la **console** [lakɔ̃sɔl] die (Spiel-)Konsole → 5/A, → MC

le **copain** / la **copine** [ləkɔpɛ̃/lakɔpin] *fam.* der/die Freund/in → 4/T, → MC

Coucou! [kuku] Kuckuck! → 2/A

le **couloir** [ləkulwaʀ] der Flur → 5/D

la **cour** [lakuʀ] der (Schul-)Hof → 2/T

le **cours** [ləkuʀ] der Unterricht, der Kurs → 5/T; **avoir cours** [avwaʀkuʀ] Unterricht haben → 5/T

le **cousin** / la **cousine** [ləkuzɛ̃/lakuzin] der Cousin / die Cousine → 4/A

la **craie** [lakʀɛ] die Kreide → MB

le **croissant** [ləkʀwasɑ̃] das Croissant → 3/A, → MD

la **cuisine** [lakɥizin] die Küche → 5/T

le **cybercafé** [ləsibɛʀkafe] das Internetcafé → 3/A

D

d'accord [dakɔʀ] einverstanden → 3/D

dans [dɑ̃] in, auf → 2/D

la **danse** [ladɑ̃s] das Tanzen, der Tanz → MC

de [də] von → 2/D

Dépêche-toi. [depɛʃtwa] Beeil dich! → 5/T

derrière [dɛʀjɛʀ] hinter → 5/A

devant [dəvɑ̃] vor *räumlich* → 5/A

les **devoirs** [ledəvwaʀ] *m. pl.* die Hausaufgaben → MB

le **DVD** / les **DVD** *pl.* [lədevede/ledevede] die DVD → 5/A

E

écouter qn/qc [ekute] jdm zuhören, etw. anhören → 5/D

l' **élève** [lelɛv] *m./f.* der / die Schüler/in → 2/T

elle est nouvelle [ɛlɛnuvɛl] sie ist neu → 3/T

en [ɑ̃] in → 2/D; **en Allemagne** [ɑ̃nalmaɲ] in Deutschland → 4/T; **en classe** [ɑ̃klas] im Klassenzimmer → MB; **en français** [ɑ̃fʀɑ̃sɛ] auf Französisch → MB; **en français, c'est** [ɑ̃fʀɑ̃sɛsɛ] das heißt auf Französisch → MB; **en sixième** [ɑ̃sizjɛm] in der sechsten Klasse → 2/D

encore [ɑ̃kɔʀ] noch → MB

l' **enfant** [lɑ̃fɑ̃] *m./f.* das Kind → 4/A, → ME

ensemble [ɑ̃sɑ̃bl] zusammen → 3/D

entre [ɑ̃tʀ] zwischen → 3/D

et [e] und → 1/T; **Et avec ça?** [eavɛksa] Noch etwas? → MD; **Et toi?** [etwa] Und dir? → 1/T, Und du? → 2/A; **Et vous?** [evu] Und ihr?, Und Sie? → 2/T

l' **étagère** [letaʒɛʀ] *f.* das Regal → 5/A

être [ɛtʀ] sein → 2/D, 2/T *Konjugation S. 110*; **être de** [ɛtʀdə] aus *(Ortsname)* sein → 3/T; **Tu es d'où?** [tyɛdu] Woher kommst du? → 3/T

l' **euro** [løʀo] *m.* der Euro → MD

Excusez-moi. [ɛkskyzemwa] Entschuldigt! / Entschuldigen Sie! → ME

F

la **famille** [lafamij] die Familie → 4/A

fastoche [fastɔʃ] *fam.* leicht, einfach → MB

la **fenêtre** [lafənɛtʀ] das Fenster → MB

Fermez. [fɛʀme] Macht zu! / Machen Sie zu!, Schließt! / Schließen Sie! → MB

la **fille** [lafij] das Mädchen → 2/D, die Tochter → 4/A

le **fils** [ləfis] der Sohn → 4/A

le **foot** [ləfut] Fußball → 3/T, → MC; le **club de foot** [ləklœbdəfut] der Fußballverein → 3/T

français [fʀɑ̃sɛ] französisch → 4/T, → MB; **en français** [ɑ̃fʀɑ̃sɛ] auf Französisch → MB; **en français, c'est** [ɑ̃fʀɑ̃sɛsɛ] das heißt auf Französisch → MB; le **français en classe** [ləfʀɑ̃sɛɑ̃klas] das Klassenraumfranzösisch → MB; **parler français** [paʀlefʀɑ̃sɛ] Französisch sprechen → 4/T

le **frère** [ləfʀɛʀ] der Bruder → 2/T

des **frères et sœurs** [defʀɛʀesœʀ] Geschwister → 4/D

G

le **garçon** [ləgaʀsɔ̃] der Junge → 2/D

la **grand-mère** / les **grands-mères** *pl.* [lagʀɑ̃mɛʀ/legʀɑ̃mɛʀ] die Großmutter → 4/A

le **grand-père** / les **grands-pères** *pl.* [ləgʀɑ̃pɛʀ/legʀɑ̃pɛʀ] der Großvater → 4/A

les **grands-parents** [legʀɑ̃paʀɑ̃] *m. pl.* die Großeltern → 4/A

H

habiter [abite] wohnen → 3/D; **Tu habites où?** [tyabitu] Wo wohnst du? → 3/D

le **hamster** [lə'amstɛʀ] der Hamster → 4/D

le **hobby** / les **hobbys** *pl.* [lə'ɔbi/le'ɔbi] das Hobby → MC

l' **hôtel** [lotɛl] *m.* das Hotel → 3/A

I

il est nouveau [ilɛnuvo] er ist neu → 3/T

il y a [ilja] es gibt → 3/A, → MB

J

j'adore [ʒadɔʀ] *+ Nomen* ich mag jdn/etw. sehr, ich finde jdn/etw. toll → MC

j'ai [ʒɛ] ich habe → 4/D; **Je n'ai pas mon/ma/mes** [ʒənɛpamɔ̃/ma/me] + *Nomen* ich habe meinen/meine/mein ... nicht → 5/D

j'aime [ʒɛm] + *Nomen* ich mag, liebe jdn/etw. → MC; **j'aime beaucoup** [ʒɛmboku] + *Nomen* ich mag jdn/etw. sehr → MC; **j'aime bien** [ʒɛmbjɛ̃] + *Nomen* ich mag jdn/etw. gerne → MC; **je n'aime pas** [ʒənɛmpa] + *Nomen* ich mag jdn/etw. nicht → MC; **je n'aime pas trop** [ʒənɛmpatʀo] + *Nomen* ich mag jdn/etw. nicht besonders → MC; **Qu'est-ce que tu aimes?** [kɛskətyɛm] Was magst du? → MC; **Qu'est-ce que tu n'aimes pas?** [kɛskətynɛmpa] Was magst du nicht? → MC

je déteste [ʒədetɛst] + *Nomen* ich hasse jdn/etw. → MC

je m'appelle [ʒəmapɛl] ich heiße → 2/A; **Tu t'appelles comment?** [tytapɛlkɔmɑ̃] Wie heißt du? → 2/D

Je ne comprends pas. [ʒənəkɔ̃pʀɑ̃pa] Ich verstehe nicht. → MB

Je ne sais pas. [ʒənəsɛpa] Ich weiß nicht. → 2/T

Je peux aller aux toilettes? [ʒəpøaleotwalɛt] Darf ich auf die Toilette gehen? → MB

Je suis en retard. [ʒəsɥizɑ̃ʀətaʀ] Ich bin zu spät. → ME

je voudrais [ʒəvudʀɛ] + *Nomen* ich möchte, ich hätte gern etw. → MD

le **jeu vidéo** / les **jeux vidéo** *pl.* [ləʒøvideo/leʒøvideo] das Videospiel → MC

les **jeunes** [leʒœn] *m./f. pl.* die Jugendlichen → MB

le **journal** / les **journaux** *pl.* [ləʒuʀnal/leʒuʀno] die Zeitung → MD

L

là [la] da, dort → 5/T, → MB

le **lecteur mp3** [ləlɛktœʀɛmpetʀwa] der MP3-Player → 5/A

la **librairie** [lalibʀeʀi] die Buchhandlung → 3/A

Lisez. [lize] Lest! / Lesen Sie! → MB

le **lit** [ləli] das Bett → 5/A

le **livre** [ləlivʀ] das Buch → 5/A, → MB, → MC

M

madame [madam] *Anrede für eine Frau* → 1/T

le **magasin** [ləmagazɛ̃] das Geschäft → MD

le **magazine** [ləmagazin] die Zeitschrift → MD

maintenant [mɛ̃tənɑ̃] jetzt → 4/D, → MB

mais [mɛ] aber → 3/T, → MC

maman [mamɑ̃] Mama → 1/T

le **manga** [ləmɑ̃ga] das Manga → 5/A

manger qc [mɑ̃ʒe] etw. essen → 5/T *Konjugation S. 110*

la **médiathèque** [lamedjatɛk] die Mediathek, Bibliothek → 3/T

même [mɛm] sogar → 3/T

merci [mɛʀsi] danke → 4/D, → ME

la **mère** [lamɛʀ] die Mutter → 4/A

le **métro** [ləmetʀo] die U-Bahn → 3/A

miam [mjam] mmh, lecker → 3/A

le **miroir** [ləmiʀwaʀ] der Spiegel → 5/A

moi [mwa] ich, mir *betont* → 2/A; **moi aussi** [mwaosi] ich auch → MC; **moi non plus** [mwanɔ̃ply] ich auch nicht → MC; **moi, c'est** [mwasɛ] + *Name* ich bin → 2/A; **pour moi** [puʀmwa] für mich → ME

monsieur [məsjø] *Anrede für einen Mann* → 1/T

le **mot** [ləmo] das Wort → MB

le **mur** [ləmyʀ] die Wand, die Mauer → 3/A; le **mur peint** [ləmyʀpɛ̃] die bemalte Wand → 3/A

la **musique** [lamyzik] die Musik → MC

N

le **navigo** [lənavigo] *Monatskarte (Paris)* → 3/T

le **nom** [lənɔ̃] der Name → 4/T

non [nɔ̃] nein → 2/D; **Non?** [nɔ̃] Oder?, Nicht? → 4/T

la **nuit** [lanɥi] die Nacht, nachts → 4/T

le **numéro** [lənymeʀo] die Nummer → MB

O

l' **oncle** [lɔ̃kl] *m.* der Onkel → 4/A

l' **ordinateur** [lɔʀdinatœʀ] *m.* der Computer, der PC → 5/A, → MB, → MC

où [u] wo → 3/D; **Tu es d'où?** [tyɛdu] Woher kommst du? → 3/T

oui ['wi] ja → 2/A

Ouvrez. [uvʀe] Öffnet! / Öffnen Sie!, Macht auf! / Machen Sie auf! → MB

P

la **page** [lapaʒ] die Seite → MB

le **pain au chocolat** [ləpɛ̃oʃɔkɔla] das Schokocroissant → MD

papa [papa] Papa → 1/T

le **parc** [ləpaʀk] der Park → 3/A

Pardon! [paʀdɔ̃] Verzeihung!, Entschuldigung! → MA, → MB

les **parents** [lepaʀɑ̃] *m. pl.* die Eltern → 4/A

parler [paʀle] reden, sprechen → 4/T; **Parle plus fort!** [paʀlplyfɔʀ] Sprich lauter! → 4/T; **parler allemand** [paʀlealmɑ̃] Deutsch sprechen → 4/T; **parler français** [paʀlefʀɑ̃sɛ] Französisch sprechen → 4/T

passer par qc [pasepaʀ] bei etw. vorbeigehen → 3/T; **tu me passes** [tyməpas] + *Nomen* gibst du mir, reichst du mir etw. → ME

le **patinage** [ləpatinaʒ] das Schlittschuhlaufen → MC

le **père** [ləpɛʀ] der Vater → 4/A

la **perruche** [lapɛʀyʃ] der Wellensittich → 4/D

un **peu** [ɛ̃pø] ein wenig, ein bisschen → 4/T

la **photo** [lafɔto] das Foto → 5/A, → MB

la **phrase** [lafʀaz] der Satz → MB

le **pied** [ləpje] der Fuß → 3/T; **à pied** [apje] zu Fuß → 3/T

le **ping-pong** [ləpiŋpɔ̃g] Tischtennis → MC

la **poche** [lapɔʃ] die Tasche → MB; **C'est dans la poche.** [sɛdɑ̃lapɔʃ] *fam.* Das geht klar. → MB

le **portable** [ləpɔʀtabl] das Handy → MC

la **porte** [lapɔʀt] die Tür → 5/A, → MB

le **poster** [ləpɔstɛʀ] das Poster → 5/A
pour moi [puʀmwa] für mich → ME
près de [pʀɛdə] in der Nähe von → 3/A
le/la **prof** [ləpʀɔf/lapʀɔf] *fam.*, le/la **professeur** [ləpʀɔfɛsœʀ/lapʀɔfɛsœʀ] der/die Lehrer/in → 2/T; le/la **prof de français** [lə/lapʀɔfdəfʀɑ̃sɛ] der/die Französischlehrer/in → 2/T
P.-S. [peɛs] PS *Nachtrag in Brief oder E-Mail* → 4/T
puis [pɥi] dann → MA

Q

le **quartier** [ləkaʀtje] das Viertel → 3/A
qu'est-ce que [kɛskə] *Fragewort* was → 3/T, → MC; **Qu'est-ce que c'est?** [kɛskəsɛ] Was ist das? → ME; **Qu'est-ce que tu aimes?** [kɛskətyɛm] Was magst du? → MC; **Qu'est-ce que tu n'aimes pas?** [kɛskətynɛmpɑ] Was magst du nicht? → MC; **Qu'est-ce qu'il y a?** [kɛskilja] Was gibt es? → 3/A, → ME
la **question** [lakɛstjɔ̃] die Frage → 4/D
qui [ki] wer → 2/A; **C'est qui?** [sɛki] Wer ist das? → 2/A

R

ranger qc [ʀɑ̃ʒe] etw. aufräumen → 5/T *Konjugation S. 110*
le **rap** [ləʀap] der Rap → MC
la **récré** [laʀekʀe] *fam.*, la **récréation** [laʀekʀeasjɔ̃] die Pause → MB
regarder qc [ʀəgaʀde] etw. ansehen, anschauen → 3/T; **regarder** [ʀəgaʀde] nachsehen → 5/D
la **rentrée** [laʀɑ̃tʀe] der Schulanfang → 2/A
rentrer [ʀɑ̃tʀe] nach Hause gehen → 3/D
Répétez. [ʀepete] Sprecht nach! / Sprechen Sie nach!, Wiederholt! / Wiederholen Sie! → MB; **Vous pouvez répéter, s'il vous plaît?** Können Sie das bitte wiederholen? → MB
Répondez. [ʀepɔ̃de] Antwortet! / Antworten Sie! → MB
le **roller parc** [ləʀɔlœʀpaʀk] der Skatepark → 3/D
la **rue** [laʀy] die Straße → 3/D

S

le **sac** [ləsak] die Tasche → 5/D; le **sac à dos** [ləsakado] der Rucksack → MB; le **sac de sport** [ləsakdəspɔʀ] die Sporttasche → 5/D
la **salade** [lasalad] der Salat → ME
la **salle de bains** [lasaldəbɛ̃] das Badezimmer → 5/T
la **salle de classe** [lasaldəklɑs] das Klassenzimmer → MB
le **salon** [ləsalɔ̃] das Wohnzimmer → 5/T
Salut! [saly] Hallo!, Tschüss! → 1/T
Servez-vous! [sɛʀvevu] Bedient euch! / Bedienen Sie sich!, Nehmt euch! / Nehmen Sie sich! → ME
s'il te plaît [siltəplɛ] bitte *für Personen, die du duzt* → 5/D, → MB, → ME; **s'il vous plaît** [silvuplɛ] bitte *für mehrere Personen oder eine Person, die du siezt* → 5/D, → MB, → ME
la **sixième** [lasizjɛm] die sechste (Klasse) → 2/D; **en sixième** [ɑ̃sizjɛm] in der sechsten Klasse → 2/D
la **sœur** [lasœʀ] die Schwester → 2/T
sous [su] unter → 5/A
souvent [suvɑ̃] oft → 5/A
le **sport** [ləspɔʀ] der Sport → 4/T, → MC
le **stade** [ləstad] das Stadion → 3/T
le **stylo** [ləstilo] der Stift → MB
Super! [sypɛʀ] *fam.* Super! → 1/T; **super sympa** [sypɛʀsɛ̃pa] *fam. adj.* supernett, sehr sympathisch → 5/D;
le **supermarché** [ləsypɛʀmaʀʃe] der Supermarkt → 3/A
sur [syʀ] auf → 3/T
le **surveillant** / la **surveillante** [ləsyʀvɛjɑ̃/lasyʀvɛjɑ̃t] die Aufsichtsperson *in Schulen* → 2/T
sympa [sɛ̃pa] *fam. adj.*, **sympathique** [sɛ̃patik] *adj.* sympathisch, nett → 4/T; **super sympa** [sypɛʀsɛ̃pa] *fam.* supernett, sehr sympathisch → 5/D

T

la **table** [latabl] der Tisch → MB; **à table** [atabl] zu Tisch, beim Essen → ME
le **tableau** [lətablo] die Tafel → MB
la **tante** [latɑ̃t] die Tante → 4/A
la **tartine** [lataʀtin] das Butterbrot, das belegte Brot → 5/T
le **texto** [lətɛksto] die SMS → MC
le **timbre** [lətɛ̃bʀ] die Briefmarke → MD
toi [twa] du, dir *betont* → 2/A; **À toi.** [atwa] Du bist dran. → 4/D
les toilettes [letwalɛt] die Toilette → 5/D
la **tortue** [latɔʀty] die Schildkröte → 4/D
toujours [tuʒuʀ] immer, immer noch → 5/T, → MB; **comme toujours** [kɔmtuʒuʀ] wie immer → 5/T
la **tour** [latuʀ] das Hochhaus, der Turm → 3/T
travailler [tʀavaje] arbeiten → 4/T
la **trousse** [latʀus] die Federtasche, das Mäppchen → MB
Tu as quel âge? [tyakɛlɑʒ] Wie alt bist du? → 4/D; **Tu habites où?** [tyabitu] Wo wohnst du? → 3/D; **tu m'énerves** [tymenɛʀv] du nervst mich → 5/D; **tu me passes** [tyməpɑs] *+ Nomen* gibst du mir, reichst du mir etw. → ME; **Tu peux épeler, s'il te plaît?** [typøepəlesiltəplɛ] Kannst du bitte buchstabieren? → MA

V

le **vocabulaire** [ləvɔkabylɛʀ] der Wortschatz → MB
voilà [vwala] da ist / da sind, das ist / das sind → 2/T
le **volley** [ləvɔlɛ] Volleyball → MC
le **VTT** / les **VTT** *pl.* [ləvetete/levetete] das Mountainbike → 5/A, → MC

Z

Zut! [zyt] Verflixt!, Mist! → 3/T

LISTE ALPHABÉTIQUE ALLEMAND-FRANÇAIS | DEUTSCH-FRANZÖSISCHE WORTLISTE

Hier findest du alle Wörter, die in in *À toi! 1A* lernst. Die Angabe hinter dem Pfeil (→) verweist auf die Unité, in der die Vokabel zum ersten Mal vorkommt:
→ 2/A = Unité 2/Approches, → 2/D = Unité 2/Dialogues modèles, → 2/T = Unité 2/Texte, → MA = Module A.
Falls du nicht mehr sicher bist, wie man das Wort verwendet, kannst du dir den Beispielsatz in der Wortliste der jeweiligen Unité anschauen.

A

aber mais → 3/T, → MC
Adresse l'adresse *f.* → 4/D
Allee l'avenue *f.* → 3/D
Alphabet l'alphabet *m.* → MA
also alors → 3/D, → MB, → MC
Alter l'âge *m.* → 4/D
anhören (etw.) écouter qc → 5/D
ansehen (etw.) regarder qc → 3/T
Antwortet! / Antworten Sie! Répondez. → MB
arbeiten travailler → 4/T
auch aussi → 3/A; **ich auch nicht** moi non plus → MC
auf sur → 3/T
Auf Wiedersehen. Au revoir. → 1/T
aufräumen (etw.) ranger qc → 5/T
Aufsichtsperson *in Schulen* le surveillant / la surveillante → 2/T
aus *(Ortsname)* **sein** être de → 3/T

B

Bäckerei la boulangerie → 3/A, → MD
Badezimmer la salle de bains → 5/T
Baguettebrot la baguette → MD
Basketball le basket → MC
Bedient euch! / Bedienen Sie sich! Servez-vous! → ME
Beeil dich! Dépêche-toi. → 5/T
bei chez → 5/A
beim Essen à table → ME
(belegtes) Brot la tartine → 5/T
bemalte Wand le mur peint → 3/A
Bett le lit → 5/A
Bibliothek la médiathèque → 3/T
Bis bald! À plus! → 4/T
bitte *für mehrere Personen oder eine Person, die du siezt* s'il vous plaît → 5/D, → MB, → ME; **bitte** *für Personen, die du duzt* s'il te plaît → 5/D, → MB, → ME
Briefmarke le timbre → MD
Brioche la brioche → MD
Bruder le frère → 2/T
Buch le livre → 5/A, → MB, → MC
Buchhandlung la librairie → 3/A
Bus le bus → 3/T
(Butter-)Brot la tartine → 5/T

C

CD le CD / les CD *pl.* → 5/D
Cent le centime → MD
Comic la bédé *fam.* → MC
Computer l'ordinateur *m.* → 5/A, → MB, → MC
Cousin/Cousine le cousin / la cousine → 4/A
Croissant le croissant → 3/A, → MD

D

da là → 5/T, → MB
da ist / da sind voilà → 2/T
danach après → 3/T
danke merci → 4/D, → ME
dann puis → MA
Darf ich auf die Toilette gehen? Je peux aller aux toilettes? → MB
das ça → 4/T; **Das geht klar.** C'est dans la poche. *fam.* → MB; **das heißt auf Französisch** en français, c'est → MB; **das macht** ça fait + *Preisangabe* → MD; **Das riecht gut!** Ça sent bon. → ME; **das sind** ce sont → 2/T
das ist c'est → 2/A, voilà → 2/T; **Das ist alles.** C'est tout. → MD; **Das ist furchtbar!** C'est l'horreur! → 4/T; **Das ist lecker!** C'est bon! → 3/A
deutsch allemand → 4/T; **Deutsch sprechen** parler allemand → 4/T; **in Deutschland** en Allemagne → 4/T
dir *betont* toi → 2/A
dort là → MB
du *betont* toi → 2/A
Du bist dran. À toi. → 4/D
du nervst mich tu m'énerves → 5/D
DVD le DVD / les DVD *pl.* → 5/A

E

ein bisschen un peu → 4/T
ein wenig un peu → 4/T
einfach fastoche *fam.* → MB
einverstanden d'accord → 3/D
Eltern les parents *m. pl.* → 4/A
Entschuldigt! / Entschuldigen Sie! Excusez-moi. → ME
Entschuldigung! Pardon! → MA, → MB
es gibt il y a → 3/A, → MB
es ist c'est → 2/A
essen (etw.) manger qc → 5/T
Euro l'euro *m.* → MD

F

Familie la famille → 4/A
Federtasche la trousse → MB
Fenster la fenêtre → MB
Flur le couloir → 5/D
Foto la photo → 5/A, → MB
Frage la question → 4/D
französisch français → 4/T; **Französisch** le français → MB; **auf Französisch** en français → MB; **Französisch sprechen** parler français → 4/T; **Französischlehrer/in** le/la prof de français → 2/T; **Klassenraumfranzösisch** le français en classe → MB
Freund/in l'ami *m.* / l'amie *f.* → 2/T, le copain / la copine *fam.* → 4/T, → MC
für mich pour moi → ME
Fuß le pied → 3/T
Fußball le foot → 3/T, → MC; **Fußballverein** le club de foot → 3/T

G

Geschäft le magasin → MD
Geschwister des frères et sœurs → 4/D
gibst du mir tu me passes + *Nomen* → ME

Großeltern les grands-parents *m. pl.* → 4/A
Großmutter la grand-mère / les grands-mères *pl.* → 4/A
Großvater le grand-père / les grands-pères *pl.* → 4/A
gut bien *adv.* → 4/T; **(Mir geht es) gut.** Ça va. → 1/T
Guten Appetit! Bon app'! *fam.*, Bon appétit! → ME
Guten Morgen! Bonjour! → 1/T
Guten Tag! Bonjour! → 1/T

H

haben (etw.) avoir qc → 4/D; **ich habe etw. nicht** je n'ai pas + *Nomen* → MB; **ich habe meinen/meine/mein ... nicht** je n'ai pas mon/ma/mes + *Nomen* → 5/D
hallo *am Telefon* allô → 5/D; **Hallo!** Salut! → 1/T
Hamster le hamster → 4/D
Handy le portable → MC
Hausaufgaben les devoirs *m. pl.* → MB
Heft le cahier → MB
heute Abend ce soir → 5/T
hinter derrière → 5/A
Hobby le hobby / les hobbys *pl.* → MC
Hochhaus la tour → 3/T
Hof la cour → 2/T
Hotel l'hôtel *m.* → 3/A
Hund le chien → 4/D

I

ich *betont* moi → 2/A; **ich auch** moi aussi → MC; **ich auch nicht** moi non plus → MC
ich bin moi, c'est + *Name* → 2/A;
Ich bin elf Jahre alt. J'ai onze ans. → 4/D;
Ich bin zu spät. Je suis en retard. → ME
ich finde jdn/etw. toll j'adore + *Nomen* → MC
ich hasse jdn/etw. je déteste + *Nomen* → MC
ich hätte gern etw. je voudrais + *Nomen* → MD
ich heiße je m'appelle → 2/A; **Wie heißt du?** Tu t'appelles comment? → 2/D
ich liebe jdn/etw. j'aime + *Nomen* → MC
ich mag jdn/etw. j'aime + *Nomen* → MC;
ich mag jdn/etw. gerne j'aime bien + *Nomen* → MC; **ich mag jdn/etw. nicht** je n'aime pas + *Nomen* → MC;
ich mag jdn/etw. nicht besonders je n'aime pas trop + *Nomen* → MC;
ich mag jdn/etw. sehr j'adore + *Nomen*, j'aime beaucoup + *Nomen* → MC
ich möchte etw. je voudrais + *Nomen* → MD
Ich verstehe nicht. Je ne comprends pas. → MB
Ich weiß nicht. Je ne sais pas. → 2/T
immer toujours → 5/T, → MB; **wie immer** comme toujours → 5/T
immer noch toujours → 5/T, → MB
in à → 2/A, dans, en → 2/D; **in der sechsten Klasse** en sixième → 2/D; **in Deutschland** en Allemagne → 4/T
in der Nähe von près de → 3/A
Internetcafé le cybercafé → 3/A

J

ja oui → 2/A
Jahr l'an *m.* → 4/D
jetzt maintenant → 4/D, → MB
Jugendliche les jeunes *m./f. pl.* → MB
Junge le garçon → 2/D

K

Kannst du bitte buchstabieren? Tu peux épeler, s'il te plaît? → MA
Katze le chat → 4/D, → MC
Kaugummi le chewing-gum / les chewing-gums *pl.* → MD
Kind l'enfant *m./f.* → 4/A, → ME
Kino le cinéma → 3/A
Kiosk le bureau de tabac → MD
klar bien sûr → 3/T
Klasse la classe → 2/D; **im Klassenzimmer** en classe → MB; **in der sechsten Klasse** en sixième → 2/D; **Klassenzimmer** la classe → 2/D, la salle de classe → MB
Klub le club → 3/T
Können Sie das bitte wiederholen? Vous pouvez répéter, s'il vous plaît? → MB
Konsole la console → 5/A, → MC
Kreide la craie → MB
Küche la cuisine → 5/T
Kuckuck! Coucou! → 2/A
Kurs le cours → 5/T

L

Lehrer/in le/la prof *fam.*, le/la professeur → 2/T
leicht *einfach* fastoche *fam.* → MB
Lest! / Lesen Sie! Lisez. → MB
links (von jdm/etw.) à gauche (de qn/qc) → 5/A, → 5/D

M

Macht auf! / Machen Sie auf! Ouvrez. → MB
Macht zu! / Machen Sie zu! Fermez. → MB
Mädchen la fille → 2/D
Mama maman → 1/T
Manga le manga → 5/A
Mäppchen la trousse → MB
Mauer le mur → 3/A
Mediathek la médiathèque → 3/T
Meerschweinchen le cochon d'Inde → 4/D
mir *betont* moi → 2/A
Mist! Zut! → 3/T
mit avec → 3/T
Was magst du? Qu'est-ce que tu aimes? → MC; **Was magst du nicht?** Qu'est-ce que tu n'aimes pas? → MC
Mountainbike le VTT / les VTT *pl.* → 5/A, → MC
MP3-Player le lecteur mp3 → 5/A
Musik la musique → MC
Mutter la mère → 4/A

N

Na ja. Bof! *fam.* → 1/T
nach *zeitlich* après → 3/T
nach Hause gehen rentrer → 3/D
nachsehen regarder → 5/D
Nacht, nachts la nuit → 4/T
Name le nom → 4/T
natürlich bien sûr → 3/T
neben jdm/etw. à côté de qn/qc → 5/D
nebenan à côté → 3/D
Nehmt euch! / Nehmen Sie sich! Servez-vous! → ME
nein non → 2/D
nett sympa *fam. adj.*, sympathique *adj.* → 4/T
Nicht? Non? → 4/T
noch encore → MB; **Noch etwas?** Et avec ça? → MD
Nummer le numéro → MB

O

Oder? Non? → 4/T
Öffnet! / Öffnen Sie! Ouvrez. → MB
oft souvent → 5/A
Onkel l'oncle *m.* → 4/A

P

Papa papa → 1/T
Park le parc → 3/A
Pause la récré *fam.*, la récréation → MB
PC l'ordinateur *m.* → 5/A, → MB, → MC
Poster l'affiche *f.* → MB, le poster → 5/A
Postkarte la carte postale → MD
PS *Nachtrag in Brief oder E-Mail* P.-S. → 4/T

R

Rap le rap → MC
rechts (von jdm/etw.) à droite (de qn/qc) → 5/A, → 5/D
reden parler → 4/T
Regal l'étagère *f.* → 5/A
reichst du mir tu me passes + *Nomen* → ME
Rucksack le sac à dos → MB

S

Salat la salade → ME
Satz la phrase → MB
Schachtel la boîte → 5/A
Schildkröte la tortue → 4/D
Schlafzimmer la chambre → 5/A
Schließt! / Schließen Sie! Fermez. → MB
Schlittschuhlaufen le patinage → MC
Schlüssel la clé → 5/T
Schokocroissant le pain au chocolat → MD
Schrank l'armoire *f.* → 5/A
Schreibtisch le bureau / les bureaux *pl.* → 5/A
Schulanfang la rentrée → 2/A
Schüler/in l'élève *m./f.* → 2/T
Schulhof la cour → 2/T
Schwester la sœur → 2/T
sechste Klasse la sixième → 2/D
sein être → 2/D, 2/T; **aus** *(Ortsname)* **sein** être de → 3/T
Seite la page → MB
siebte Klasse la cinquième → 2/D
singen chanter → 4/T
Skatepark le roller parc → 3/D
SMS le texto → MC
sogar même → 3/T
Sohn le fils → 4/A
Spiegel le miroir → 5/A
Spielkonsole la console → 5/A, → MC
Sport le sport → 4/T, → MC; **Sporttasche** le sac de sport → 5/D
sprechen parler → 4/T; **Sprecht nach! / Sprechen Sie nach!** Répétez. → MB;
Sprich lauter! Parle plus fort! → 4/T
Stadion le stade → 3/T
Stift le stylo → MB
Straße la rue → 3/D
Stuhl la chaise → 5/A, → MB
suchen (etw.) chercher qc → 3/T
Super! Super! *fam.* → 1/T; **supernett** super sympa *fam. adj.* → 5/D
Supermarkt le supermarché → 3/A
sympathisch sympa *fam. adj.*, sympathique *adj.* → 4/T; **sehr sympathisch** super sympa *fam. adj.* → 5/D

T

Tafel le tableau → MB
Tante la tante → 4/A
Tanz la danse → MC
Tanzen la danse → MC
Tasche la poche → MB, le sac → 5/D
Tier l'animal *m.* / les animaux *pl.* → 4/D, → MC
Tisch la table → MB
Tischtennis le ping-pong → MC
Tochter la fille → 4/A
Toilette les toilettes → 5/D
Tschüss! Salut! → 1/T
Tür la porte → 5/A, → MB
Turm la tour → 3/T

U

U-Bahn le métro → 3/A
um zehn Uhr à dix heures → 5/T
und et → 1/T; **Und dir?** Et toi? → 1/T;
Und du? Et toi? → 2/A; **Und ihr?** Et vous? → 2/T; **Und Sie?** Et vous? → 2/T
unter sous → 5/A
Unterricht le cours → 5/T; **Unterricht haben** avoir cours → 5/T

V

Vater le père → 4/A
Verein le club → 3/T; **Fußballverein** le club de foot → 3/T
Verflixt! Zut! → 3/T
Verzeihung! Pardon! → MA, → MB
Videospiel le jeu vidéo / les jeux vidéo *pl.* → MC
Viertel *Stadtviertel* le quartier → 3/A
Volleyball le volley → MC
von de → 2/D
vor *räumlich* devant → 5/A
vorbeigehen (bei etw.) passer par qc → 3/T

W

Wand le mur → 3/A; **bemalte Wand** le mur peint → 3/A
was qu'est-ce que *Fragewort* → 3/T, → MC; **Was gibt es?** Qu'est-ce qu'il y a? → 3/A, → ME; **Was ist das?** Qu'est-ce que c'est? → ME; **Was magst du?** Qu'est-ce que tu aimes? → MC; **Was magst du nicht?** Qu'est-ce que tu n'aimes pas? → MC
Wellensittich la perruche → 4/D
wer qui → 2/A; **Wer ist das?** C'est qui? → 2/A
wie comme → 5/T; **wie** *Fragewort* comment (est-ce que) → 2/D; **Wie alt bist du?** Tu as quel âge? → 4/D; **Wie geht's?** Ça va? → 1/T, Comment ça va? → MB;
wie immer comme toujours → 5/T;
wie sagt man comment est-ce qu'on dit → MB
Wie viel kostet das? Ça fait combien? → MD
Wiederholt! / Wiederholen Sie! Répétez. → MB
wo où → 3/D; **Wo ist das?** C'est où? → 3/D; **Wo wohnst du?** Tu habites où? → 3/D
Woher kommst du? Tu es d'où? → 3/T
wohnen habiter → 3/D; **Wo wohnst du?** Tu habites où? → 3/D
Wohnung l'appartement *m.* → 5/T
Wohnzimmer le salon → 5/T
Wort le mot → MB
Wortschatz le vocabulaire → MB

Z

Zeitschrift le magazine → MD
Zeitung le journal / les journaux *pl.* → MD
Zimmer la chambre → 5/A
zu Fuß à pied → 3/T
zu Tisch à table → ME
zuhören (jdm) écouter qn → 5/D
zusammen ensemble → 3/D
zwischen entre → 3/D

Über sich sprechen 145

Sich vorstellen
Über den Wohnort Auskunft geben
Die eigene Familie vorstellen
Das eigene Zimmer beschreiben
Über Hobbys und Vorlieben sprechen

Über andere sprechen 147

Andere vorstellen

Mit anderen sprechen 147

Sich begrüßen und verabschieden
Sich kennenlernen
Jemanden/Etwas gut oder schlecht finden / Sich einigen
Sich verabreden / Etwas planen
Jemanden zu etwas auffordern
Beim Essen

Einkaufen 150

Im Unterricht 150

Hier hörst du dir alle Sätze an:
www.cornelsen.de/webcodes
Gib folgenden Webcode ein: ATOI-1A-145

Über sich sprechen

Sich vorstellen

Unité 2	Je m'appelle (Nicolas).	Ich heiße (Nicolas).
	Moi, c'est (Marie). Et toi?	Ich heiße (Marie). Und du?
	Je suis le frère / la sœur de (Maxime).	Ich bin (Maximes) Bruder/Schwester.
	Je suis l'ami / l'amie de (Marie).	Ich bin (Maries) Freund/Freundin.
	Je suis en sixième / en cinquième.	Ich bin in der 6. Klasse / 7. Klasse.
	Je suis dans la classe de (Laurine).	Ich bin in (Laurines) Klasse.
	Mon collège, c'est (le collège Jean Jaurès).	Meine Schule ist die Jean-Jaurès-Schule.
Unité 4	J'ai un frère / une sœur.	Ich habe einen Bruder / eine Schwester.
	Je parle bien (allemand).	Ich spreche gut (Deutsch).
	Je parle un peu (français).	Ich spreche ein bisschen (Französisch).
	J'ai (douze) ans.	Ich bin (zwölf) Jahre alt.

Über den Wohnort Auskunft geben

Unité 3	Tu es d'où?	Woher kommst du?
	Je suis de (Levallois).	Ich bin aus (Levallois).
	C'est près de (Paris).	Das ist bei (Paris).
	J'habite à (Marseille).	Ich wohne in (Marseille).
	J'habite (5, rue Gabriel Péri).	Ich wohne (in der Gabriel-Péri-Straße 5).
	Qu'est-ce qu'il y a à (Levallois)?	Was gibt es in (Levallois)?
	À (Levallois), il y a (un stade).	In (Levallois) gibt es (ein Stadion).
	Dans le quartier, il y a (un collège).	Im Viertel gibt es (ein Collège).
	Il y a même (des librairies).	Es gibt sogar (Buchhandlungen).
	C'est où?	Wo ist das?
	C'est à côté.	Das ist nebenan.
	(La boulangerie) est à côté.	(Die Bäckerei) ist nebenan.
	(Le cinéma) est entre (le métro) et (la Seine).	(Das Kino) ist zwischen (der U-Bahn) und (der Seine).

Die eigene Familie vorstellen

Unité 4	Voilà (ma famille).	Da/Das ist (meine Familie).
	C'est (mon père). Il est prof.	Das ist (mein Vater). Er ist Lehrer.
	Ce sont (mes grands-parents).	Das sind (meine Großeltern).
	(Olivier) est le frère de mon père.	(Olivier) ist der Bruder meines Vaters.
	(Isabelle) est la fille de (Jean).	(Isabelle) ist (Jeans) Tochter.
	(Ma mère) travaille dans (une librairie).	(Meine Mutter) arbeitet in (einer Buchhandlung).
	J'ai un frère / une sœur.	Ich habe einen Bruder / eine Schwester.
	J'ai (un chat). Il s'appelle (Caramel).	Ich habe (eine Katze). Sie heißt (Caramel).

Das eigene Zimmer beschreiben

Unité 5	Où est (mon sac de sport)?	Wo ist (meine Sporttasche)?
	Où sont (Maxime et Laurine)?	Wo sind (Maxime und Laurine)?
	Dans ma chambre, il y a	In meinem Zimmer sind
	(deux lits et une armoire).	(zwei Betten und ein Schrank).
	Sous (l'armoire), il y a (une boîte).	Unter (dem Schrank) ist (eine Schachtel).
	Dans (la boîte), il y a (mes photos).	In (der Schachtel) sind (meine Fotos).
	(Mon lecteur mp3) est sur (le lit).	(Mein MP3-Player) ist auf (dem Bett).
	(Je suis souvent) devant mon miroir.	(Ich bin oft) vor meinem Spiegel.
	(Le VTT) est derrière (la porte).	(Das Mountainbike) ist hinter (der Tür).
	(La console) est sur (mon bureau), à gauche.	(Die Konsole) ist links auf (meinem Schreibtisch).
	(Les livres) sont sur (l'étagère), à droite.	(Die Bücher) sind rechts im (Regal).
	(Ma chambre) est à gauche de (la cuisine).	(Mein Zimmer) ist links von (der Küche).
	(La salle de bains) est à droite de (ma chambre).	(Das Badezimmer) ist rechts von (meinem Zimmer).
	Là, à côté du salon, il y a (la salle de bains).	Da, neben dem Wohnzimmer, ist (das Badezimmer).

Über Hobbys und Vorlieben sprechen

Module C	J'aime (le sport).	Ich mag / Ich liebe (Sport).
	J'aime bien (les animaux).	Ich mag (Tiere) gern.
	Moi aussi.	Ich auch.
	J'aime beaucoup (les chiens).	Ich mag (Hunde) sehr gern.
	J'adore (mon chien Confetti).	Ich liebe (meinen Hund Confetti).
	Qu'est-ce que tu n'aimes pas?	Was magst du nicht?
	Je n'aime pas trop (la musique de Soha).	Ich mag (die Musik von Soha) nicht besonders.
	Moi non plus.	Ich auch nicht.
	Je n'aime pas (le rap).	Ich mag keinen (Rap).
	Je n'aime pas (le ping-pong).	Ich spiele nicht gern (Tischtennis).
	Je déteste (les devoirs).	Ich hasse (Hausaufgaben).
	Qu'est-ce que tu aimes?	Was magst du?
	Moi, j'aime (le VTT).	Ich fahre gern (Mountainbike).
	Mon hobby, c'est (le foot).	Mein Hobby ist (Fußball).

Über andere sprechen

Andere vorstellen

Unité 2	Voilà (Robin).	Da/Das ist (Robin).
	C'est (Robin).	Das ist (Robin).
	C'est qui?	Wer ist das?
	C'est le frère / la sœur de (Maxime).	Das ist (Maximes) Bruder/Schwester.
	Il/Elle est en sixième / en cinquième.	Er/Sie ist in der 6. Klasse / 7. Klasse.
	Il/Elle est dans la classe de (Laurine).	Er/Sie ist in (Laurines) Klasse.
	C'est l'ami / l'amie de (Marie).	Das ist (Maries) Freund/Freundin.
Unité 4	Il/Elle s'appelle comment?	Wie heißt er/sie?
	Il s'appelle (Mehdi).	Er heißt (Mehdi).
	Ils ont quel âge?	Wie alt sind sie?
	Il/Elle a quel âge?	Wie alt ist er/sie?
	Il/Elle a (quatorze) ans.	Er/Sie ist (vierzehn) Jahre alt.

Mit anderen sprechen

Sich begrüßen und verabschieden

Unité 1	Salut, (Anissa)!	Hallo (Anissa)!
	Bonjour, madame/monsieur.	Guten Tag.
	Salut, (Anissa)!	Tschüss (Anissa)!
	Au revoir, madame/monsieur.	Auf Wiedersehen.
	Ça va?	Wie geht es dir?
	Super!	Super!
	Ça va.	Gut.
	Bof!	Na ja.

	Oui, ça va. Et toi?	Gut. Und dir?
Module B	Comment ça va?	Wie geht es dir? / Wie geht es euch?
Unité 5	Allô, c'est moi!	Hallo, ich bin es! *am Telefon*
	Allô, c'est (Max) / (Anna).	Hallo, hier ist (Max)/(Anna). *am Telefon*

Sich kennenlernen

Unité 2	Tu t'appelles comment?	Wie heißt du?
	Je m'appelle (Nicolas).	Ich heiße (Nicolas).
Unité 3	Tu es d'où?	Woher kommst du?
	Tu es de (Paris)?	Bist du aus (Paris)?
	Vous êtes de (Levallois)?	Seid ihr / Sind Sie aus (Levallois)?
	Je suis de (Levallois).	Ich bin aus (Levallois).
	C'est près de (Düsseldorf).	Das ist bei (Düsseldorf).
	Tu habites où?	Wo wohnst du?
	Vous habitez où?	Wo wohnt ihr? / Wo wohnen Sie?
	J'habite à (Marseille).	Ich wohne in (Marseille).
	J'habite (5, rue Gabriel Péri).	Ich wohne (in der Gabriel-Péri-Straße 5).
	C'est où?	Wo ist das?
Unité 4	Tu parles (français)?	Sprichst du (Französisch)?
	Je parle bien (français).	Ich spreche gut (Französisch).
	Je parle un peu (français).	Ich spreche ein bisschen (Französisch).
	Tu as quel âge?	Wie alt bist du?
	J'ai (douze) ans.	Ich bin (zwölf) Jahre alt.
	Tu as des animaux?	Hast du Tiere?
	J'ai (deux) animaux:	Ich habe (zwei) Tiere:
	(un cochon d'Inde) et (une perruche).	(ein Meerschweinchen) und (einen Wellensittich).
	Tu as des frères et sœurs?	Hast du Geschwister?
	J'ai un frère / une sœur.	Ich habe einen Bruder / eine Schwester.
	Il/Elle s'appelle comment?	Wie heißt er/sie?
	Ils/Elles ont quel âge?	Wie alt sind sie?
	C'est ton père / ta mère?	Ist das dein Vater / deine Mutter?
	C'est mon père / ma mère.	Das ist mein Vater / meine Mutter.
	Il/Elle est prof.	Er ist Lehrer. / Sie ist Lehrerin.
	Ce sont tes grands-parents?	Sind das deine Großeltern?
	Ce sont mes grands-parents.	Das sind meine Großeltern.
	(Tom), c'est ton frère?	Ist (Tom) dein Bruder?
	Oui, c'est mon frère.	Ja, er ist mein Bruder.
	Et ton collège?	Und deine Schule?
	Ça va.	Es geht.
Module A	Pardon, vous êtes (Soha)?	Entschuldigen Sie, sind Sie (Soha)?
Module C	Qu'est-ce que tu aimes?	Was magst du?
	J'aime / J'adore (la danse).	Ich (tanze) gern / sehr gern.

Jemanden/Etwas gut oder schlecht finden

Unité 3	C'est bon!	Das ist gut. / Das schmeckt gut.
	Zut!	Mist!
Unité 4	C'est l'horreur!	Das ist furchtbar!
Unité 5	Tu m'énerves!	Du nervst.
	C'est sympa!	Das ist nett von dir!
	Elle est super sympa.	Sie ist total nett.

Sich verabreden / Etwas planen / Sich einigen

Unité 3	On passe par (la boulangerie).	Wir gehen bei (der Bäckerei) vorbei.
	On rentre ensemble?	Gehen wir zusammen nach Hause?
	Je ne sais pas.	Ich weiß nicht.
	Tu habites où?	Wo wohnst du?
	On (mange) ensemble?	Wollen wir zusammen (essen)?
	Oui, bien sûr.	Ja, natürlich.
	D'accord.	Einverstanden.
Unité 4	À plus.	Bis später.
Unité 5	J'ai cours à dix heures. Et toi?	Ich habe um zehn Uhr Unterricht. Und du?

Jemanden zu etwas auffordern

Module B	Écoutez.	Hört zu!
	Répétez, s'il vous plaît.	Wiederholt/Wiederholen Sie das bitte!
	Fermez (la fenêtre).	Macht (das Fenster) zu!
	Lisez (la page 9).	Lest (die Seite 9)!
	Répondez.	Antwortet!
	Ouvrez (la porte).	Macht (die Tür) auf!
Unité 4	Parle plus fort!	Sprich lauter!
Unité 5	Écoute.	Hör zu!, Hör mal!
	Dépêche-toi!	Beeil dich!
	Range (ta chambre).	Räum (dein Zimmer) auf!
	Mange (ta tartine).	Iss (dein Brot)!
	Regarde dans (ma chambre).	Schau in (meinem Zimmer) nach!
	Regardez (sous le lit).	Schaut (unter dem Bett) nach!
	Cherchez (les clés).	Sucht (die Schlüssel)!

Beim Essen

Module C,E	J'aime bien (les croissants).	Ich esse gerne (Croissants).
	Je n'aime pas (la salade).	Ich mag keinen (Salat).
Module E	Servez-vous.	Bedient euch!
	Bon appétit! / Bon app'!	Guten Appetit!
	Tu me passes (la baguette), s'il te plaît?	Gibst du mir bitte (das Baguettebrot)?
	Ça sent bon!	Das riecht gut!
	Qu'est-ce que c'est?	Was ist das?
	Qu'est-ce qu'il y a?	Was gibt es?

Einkaufen

Module D	Bonjour, je voudrais (des chewing-gums).	Guten Tag, ich möchte (Kaugummis).
	Et avec ça?	Darf es noch etwas sein?
	Merci, c'est tout.	Danke, das ist alles.
	Ça fait combien?	Wie viel kostet das?
	Ça fait (cinq euros dix).	Das macht (fünf Euro zehn).

Im Unterricht

Module A	Tu peux épeler, s'il te plaît?	Kannst du bitte buchstabieren?
Module B	Répétez (la phrase).	Sprecht (den Satz) nach!
	Ouvrez (les livres).	Öffnet (die Bücher)!
	Cherchez (la page).	Sucht (die Seite)!
	Lisez (la phrase en français).	Lest (den Satz auf Französisch)!
	Répondez.	Antwortet!
	Parlez français.	Sprecht französisch!
	Fermez (la fenêtre).	Macht (das Fenster) zu!
	Dans notre salle de classe, il y a (des chaises) et (un tableau).	In unserem Klassenzimmer sind (Stühle) und (eine Tafel).
	Voilà les devoirs: page 9, numéro 3.	Das sind die Hausaufgaben: Seite 9, Nummer 3.
	Vous pouvez répéter, s'il vous plaît?	Können Sie das bitte wiederholen?
	Pardon madame/monsieur, je n'ai pas mon cahier.	Entschuldigen Sie, ich habe mein Heft nicht dabei.
	Je peux aller aux toilettes?	Darf ich auf die Toilette gehen?
	Je ne comprends pas le mot («Pause»).	Ich verstehe das Wort («Pause») nicht.
	Comment est-ce qu'on dit («Pause») en français?	Wie sagt man («Pause») auf Französisch?
	Je ne sais pas.	Ich weiß nicht.
	(«Pause») en français, c'est («la récré»).	(«Pause») heißt auf Französisch («la récré»).
Unité 4	Tu as des questions?	Hast du Fragen?
	Vous avez des questions?	Habt ihr Fragen?
	J'ai une question.	Ich habe eine Frage.

Fotos:

© 123RF/Irina Tischenko, S. 86 (4); Jill Battaglia, S. 83 (unten rechts); Matt Trommer, S. 136 (50-Cent-Münze u. 1-Euro-Münze: Vorderseite) – © colourbox, S. 78 (sac pour câbles) – © Corbis (RF)/Tomas Rodriguez, Umschlagfoto (Vordergrund) – © Cornelsen/Arnold, S. 28 (1); Denimal/Uzel, S. 6, S. 7, S. 8 (1, 2 u. 3), S. 12–13, S. 14, S. 15, S. 16, S. 17, S. 18 (A, B u. D), S. 32, S. 33, S. 34 (Mitte: oben links u. unten), S. 48 (Nicolas u. Océane), S. 50, S. 52 (oben links u. unten), S. 57, S. 68, S. 69, S. 72, S. 85, S. 89, S. 90; Goltz, S. 86 (6), S. 94 (Nr. 2: oben); Mann-Grabowski, S. 20 (6, 7 u. 8); Ortiz-Vobis, S. 48 (Christelle), S. 49 (Jean, Matthieu u. Violette); Schrader, S. 76; Schulze, S. 10 (oben rechts, unten links u. unten rechts), S. 20 (1, 2 u. 3), S. 28 (Nr. 4: links); Svaluto, S. 8 (4) – © Fotolia.com/Alexander Maier, S. 25 (links); Alexander Maier, S. 25 (rechts); Andres Rodriguez, S. 51 (tortue); Carola Schubbel, S. 51 (chien); Didier PRIX, S. 94 (Nr. 1: oben); Eric Isselée, S. 51 (hamster), S. 83 (unten links); Feng Yu, S. 86 (7); full image, S. 86 (9); Irmina Mamot, Umschlagseite 2 (la Côte d'Azur); karam miri, S. 43 (barbecue); Kerstin Klaaßen, S. 52 (1. v. oben rechts); manla, S. 24 (unten: Mitte); Marco Scisetti, S. 136 (3. v. links); Olga Barbakadze, S. 51 (perruche); Petra Gurtner, S. 52 (3. v. oben rechts); PictureArt, S. 48 (Monique); Rémy Masseglia, Umschlagseite 2 (les Pyrénées); Richard Villalon, Umschlagseite 2 (le Pas-de-Calais); robynmac, S. 86 (2); Spargel, S. 28 (Nr. 4: rechts), S. 94 (Nr. 3: oben); svehlik, S. 52 (2. v. oben rechts); svort, S. 86 (8); The Dragon, S. 58 (unten: 4. v. links); Thierry Burdin, Umschlagseite 2 (les Ardennes); Thierry Hoarau, S. 86 (3); Tiplyashin Stanislav Gennadevic, S. 51 (chat); Torsten Schon, S. 24 (Mitte rechts); Travelfish, S. 51 (cochon d'Inde); Uolir, Umschlagseite 3 (Montmartre) – © iStockphoto/Andreas Reh, S. 49 (Ludovic); blackwaterimages, S. 18 (C: links); Carlos Alvarez, S. 94 (Nr. 1: unten); Dave Skinner, S. 49 (Isabelle); Dmitriy Yakovlev, S. 24 (Mitte links); Edward ONeil Photography Inc., S. 63; Eileen Hart, S. 64 (rechts); Giancarlo Polacchini, S. 86 (5); Jacom Stephens, Umschlagseite 2 (l'Aquitaine); Juanmonino, S. 43 (charbon); Kemter, S. 18 (E: links u. rechts), S. 48 (Frédéric u. Tonio); Kevin Russ, S. 64 (links); kryczka, S. 24 (1. Reihe oben rechts: 2. v. links); Martine Doucet, S. 94 (Nr. 2: unten rechts); Mike Dabell, S. 58 (unten: 1. v. links); milansys, Umschlagseite 3 (Notre-Dame); Nina Shannon, S. 18 (C: rechts); Olga Ivanova, S. 58 (oben Mitte); Pathathai Chungyam, S. 48 (Sarah); Pawel Gaul, S. 62–63; remik44992, S. 83 (oben); Ruth Black, S. 24 (oben links: 2. v. links); scottjay, S. 42 (oben: 3. v. links); Sergey Lushin, S. 24 (2. Reihe oben rechts: 2. v. links); Steve Luker, S. 42 (oben: 1. v. links); Stuart Brown, S. 94 (Nr. 3: unten); unknown1861, S. 94 (Nr. 2: unten links); Wuka, S. 42 (unten); Zlatko Kostic, S. 48 (Olivier) – © panthermedia.net/Alexander Rochau, Umschlagseite 2 (les Alpes); Bernd Kunst, S. 58 (oben links); Daniel Neumann, Umschlagseite 3 (La Tour Eiffel); Yuri Arcurs, S. 49 (Loïc) – © Patrick Berger et Jacques Anziutti architectes/L'autre Image: Umschlagseite 3 (les Halles) – © photocase.com/hille 76, S. 42–43 (Hintergrund) – © shutterstock/Brandon Bourdages, S. 82–83; Brooke Becker, S. 24 (2. Reihe oben rechts: 1. v. links); Carole Castelli, S. 86 (1); E. Spek, S. 58 (unten: 3. v. links); Elena Elisseeva, S. 58 (unten: 2. v. links), S. 60 (unten); idreamphoto, S. 82 (rechts); Ints Vikmanis, S. 10 (oben links); irin-k, S. 24–25 (Hintergrund); jocicalek, S. 87; Jorge Felix Costa, Umschlagseite 3 (Le Louvre); kostudio, S. 42 (oben: 2. v. links); Kuttelvaserova, S. 24 (oben: 1. v. links); Mark Herreid, S. 43 (saucisse); Miramiska, S. 24 (1. Reihe oben rechts: 1. v. links); Monkey Business Images, S. 60 (oben); PHB.cz (Richard Semik), Umschlagseite 2 (la Camargue); Stefan Ataman, S. 86 (10); wilar, S. 82 (links).

© Alain Guillaume, www. marseille-images.net, S. 107 (Mitte rechts) – © Arco Images/O. Diez, S. 58 (oben rechts) – © CRTB, Umschlagseite 2 (la Bretagne) – © Europäische Zentralbank (EZB), S. 136 (2. v. links) – © Getty Images/Paul Trummer, Umschlagfoto (Hintergrund) – © Inter IKEA Systems B.V., S. 78 (lampe de table, pêle-mêle 7 photos, rangement accessoires bureau, range-revues u. table) – © La Poste, S. 86 (11) – © laif/REA/Hanning, S. 20 (5); Ludovic, S. 20 (4), S. 28 (8) – © mauritius images/imagebroker/Maria Breuer, Umschlagseite 3 (Le Centre Georges-Pompidou) – © Ministère des Affaires Étrangères, Images de France, édition 2003, S. 107 (unten rechts) – © musée du quai Branly, U3 (2. v. unten links) – © Stefan Kälberer, www.kurz-belichtet.de, S. 24 (unten) – © Service Photo de la Mairie de la Ville de Levallois, S. 28 (Nr. 2, Nr. 3, Nr. 5, Nr. 6 u. Nr. 9), S. 34 (oben rechts) – © ullstein, S. 108; Alinari, S. 107 (links); Sipa, S. 29 (7), Umschlagseite 3 (La Place de la Bastille) – © Wildlife/S. Cordier, S. 42 (oben: 1. v. links).

Illustrationen:

© diGraph, Lahr, S. 102 – © Felipa Goltz, S. 82.

Texte:

© Christian Ferrari, S. 63.

À toi! 1A
Lehrwerk für den Französischunterricht an mittleren Schulformen

Im Auftrag des Verlages erarbeitet von:
Gertraud Gregor, Michèle Héloury, Walpurga Herzog, Catherine Jorißen, Alexander Kraus, Catherine Mann-Grabowski, Peter Winz

und der Redaktion Französisch: Julia Goltz (Projektleitung), Iris Gleimann, Sophie Ortiz-Vobis, Monika Schulze, Jana Silckerodt, Verena Simon, Sabrina Battaglini (Bildassistenz)

Herausgeber von À toi! 1A: Peter Winz

Didaktische Beratung: Prof. Dr. Jürgen Mertens

Beratende Mitwirkung: Stefanie Ambs (Erding), Bettina Becht (Edenkoben), Ansgar Behnen (Göttingen), Marlis Bormann (Nauen), Mirjam Friebe (Heidelberg), Ingeborg Höcke (Schulzendorf), Uta Höldin-Kosbab (Villingen), Ines Kaiser (Stuttgart), Annette Kramer (Kassel), Friederike Leist (Tübingen), Ines Lübbecke (Uelzen), Wolfgang Marek (Kirchhain), Prof. Dr. Christian Minuth (Hirschhorn), Jochen Momberg (Spenge), Tobias Schnitter (München), Stefanie Schubert (Köln), Birgit Schunke (Bad Kösen), Erika Sonneck (Alfter), Erik Wagner (Saarbrücken), Antje Wolter (Burgwedel)

Gesamtgestaltung und technische Umsetzung: werkstatt für gebrauchsgrafik, Berlin
Illustrationen: Laurent Lalo
Karten: Dr. Volkhart Binder
Filme: buzz production, Paris
Umschlagfoto: © Corbis (RF)/Thomas Rodriguez (Vordergrund); © Getty Images/Paul Trummer (Hintergrund)

Begleitmaterial zu À toi! 1A:

Carnet d'activités	ISBN 978-3-06-022432-6
Grammatikheft	ISBN 978-3-06-022428-9
Vokabeltaschenbuch	ISBN 978-3-06-022426-5
CD (Audio)	ISBN 978-3-06-022430-2
Schülerbuch-Lehrerfassung mit DVD	ISBN 978-3-06-021299-6
Lehrermaterialien (Handreichungen für den Unterricht, Förder- und Differenzierungsmaterialien)	ISBN 978-3-06-022434-0
Folien	ISBN 978-3-06-520406-4
Interaktive Tafelbilder	ISBN 978-3-06-021297-2
Schülerbuch als E-Book	ISBN 978-3-06-021175-3

www.cornelsen.de

Die Mediencodes enthalten ausschließlich optionale Unterrichtsmaterialien;
sie unterliegen nicht dem staatlichen Zulassungsverfahren.

Soweit in diesem Lehrwerk Personen fotografisch abgebildet sind und ihnen von der Redaktion fiktive Namen, Berufe, Dialoge und Ähnliches zugeordnet oder diese Personen in bestimmte Kontexte gesetzt werden, dienen diese Zuordnungen und Darstellungen ausschließlich der Veranschaulichung und dem besseren Verständnis des Inhalts.

1. Auflage, 8. Druck 2022

Alle Drucke dieser Auflage sind inhaltlich unverändert
und können im Unterricht nebeneinander verwendet werden.

Druck und Bindung: Livonia Print, Riga

ISBN 978-3-06-020120-4